医学部バブル

最高倍率30倍の裏側

河本敏浩

光文社新書

はじめに

医学部への進学希望者が爆発的に増えている——。

こういった風聞を耳にしたことがある方は多いと思う。

事実、医学部進学希望者は増加の一途をたどり、特に最近では、私立大学医学部への進学希望者の増加が顕著で、その増加数は二〇一〇年二月入試と二〇一六年二月入試を比較して、約一・三五倍となっている。あまりの倍率の増加に、他の理系学部の人材供給を危ぶむ声さえ上がっている（「ＮＥＷＳ　ＰＩＣＫＳ」二〇一六年七月四日「優秀な高校生が医学部ばかりに行ってしまってよいのだろうか」より）。

医学部人気が急上昇している背景には、様々な要因があるだろう（この点は第１章で触れたい）が、医学部進学希望者には、二つの世界があると考えるとよい。

それは国立大学を中心とする超偏差値エリートたちが競争を展開する世界と、学費が高額の私立大学医学部への入学を熱望する者たちが集う世界である。

本書では、昨今の医学部入学の過熱状況と、その激しい学力競争の実態を分析、紹介していくが、この二つの世界の違いを明確にしながら、筆を進めていくことにする。この二つの世界は似て非なるもので、切り分けて状況を整理しなければ、無用な混乱を招いてしまうからである。


筆者は長らく予備校講師として学習指導の世界に身を置き、大学入試を専門としてきた。しかし関心が学習、入試の多様な局面に広がり、近年は学校法人と共に様々な仕事に従事することが多くなった。ところが四年前、とある偶然から医学部受験の世界に関わりを持ち、強烈な試練に直面する受験生の支援を始めることとなった。

筆者はこれを契機に、医学部を目指す受験生を対象とした教室を開設し、圧倒的に厳しい医学部入試に挑む受験生に対し、信頼できる教科指導の講師たちと共に、直接指導、支援を行ってきた。そして受験生と直接相対する中で、学力とは何か、学力を伸ばすとはどういうことか、これまでにないほど深く考えることが多くなった。

進路指導や受験指導には、多くの教師や学習指導者が携わっているが、どうしても自らの体験が指導のベースになる傾向が強い。自戒を込めながら記すが、本書では単なる体験にとどまらず、昨今の受験生の気質、学習指導の最前線を意識しながら、今、医学部入試で何が起こっているか解き明かしていこうと思う。

医学部入試は、親子の二人三脚の側面が強いがゆえに、医学部を志す受験生だけでなく、その保護者の方にも、本書が、溌剌とした勉強を推進するための一助になることを願いたい。過激な学力競争に向かう受験生が、心健やかに勉強に取り組めるようになることが筆者の願いである。

*サブタイトルの「最高倍率30倍」という数字は、東海大学一般入試の倍率に依拠した。この倍率は、定員に対する倍率ではなく、受験者数に対して合格通知を受け取った者の数から算出した、いわゆる実質倍率である。多くの私立医学部の倍率は6倍から15倍までの間にあるが、後期試験やセンター型試験のような定員の少ない試験形態では、50倍、70倍となる試験も現実に存在する。信じられない倍率だが、間違いのない事実である。

目次

第1章　医学部熱の正体

（1）過熱する医学部入試

偏差値の急上昇

医学部に入学することは大変難しい。これは周知のことだが、その一般的なイメージは、国立大学医学部に対するものではないだろうか。確かに国立大学医学部は難しく、三浪、四浪と年を重ねて合格に至る受験生は、今なおかなりの数で存在する。

国立大学医学部に合格するためには、まずセンター試験で最低限八五％の得点が必要だ。さらに、高度な出題を基本とする二次試験も熾烈を極める。

これが、単に国立大学ではなく、旧帝国大学（東京大学、京都大学、大阪大学、北海道大学、東北大学、名古屋大学、九州大学）の医学部となると、受験勉強の世界の「神様」とも言える領域に属さなければ、合格など夢のまた夢である。

ただしこの難しさは、よく知られていることで、医学部入試が過熱していると言えば、昔から国立大学医学部を念頭に置いたものであった。その意味で、医学部入学熱は一貫して加熱し続けていると言える。

では一方で、私立大学医学部はどうであろうか。

私立医学部をめぐる昨今の状況を、医学部受験と縁遠い人々に話すと非常に驚かれることが多い。私立医学部受験のイメージは、今なお、裏口入学、縁故入学に彩られた世界にあり、「お金持ちの子供たち」が様々な裏技を駆使して潜り込むものだと思い込んでいる人が多数派だからだ。

これは、医学部受験に縁遠い人だけにとどまらず、医学部を志す受験生の子供がいる医師の中にも、そういうイメージを持つ人が少なくない。

もちろん、国立大学医学部とは比べるべくもないが、今や多くの私立大学の医学部の偏差値は、早稲田、慶應の理工系学部に並ぶ（あるいはそれ以上）までになっている（表１‐１）。早稲田や慶應の理工学部も十分に難しいのだから、私立医学部の学生に対して、これと同等の敬意が払われてしかるべきだと思う。

殺到する受験生、驚異の倍率

これほどまでに偏差値が急上昇したのは、私立医学部へ優秀な受験生が殺到しているからに他ならない。その受験者数の変化を追っていくと表１‐２のようになる。

大学名＼年度	1987年	1990年	1995年	2005年	2010年	2012年	2013年	2014年	2015年
慶應義塾大学医学部	67.5	70	70	72.5	72.5	72.5	72.5	72.5	72.5
東京慈恵会医科大学	60	60	62.5	65	67.5	70	70	70	70
順天堂大学医学部	52.5	57.5	62.5	62.5	70	70	70	70	70
日本医科大学	60	60	62.5	62.5	67.5	70	70	70	67.5
昭和大学医学部	50	55	62.5	62.5	67.5	67.5	67.5	70	67.5
東京医科大学	57.5	60	65	65	67.5	65	67.5	67.5	67.5
東邦大学医学部	50	57.5	57.5	57.5	67.5	67.5	67.5	70	67.5
大阪医科大学	60	60	65	65	67.5	67.5	67.5	67.5	67.5
関西医科大学	55	57.5	62.5	62.5	67.5	65	67.5	67.5	67.5
近畿大学医学部	55	55	60	62.5	67.5	65	67.5	67.5	67.5
岩手医科大学	52.5	52.5	57.5	60	65	65	65	65	65
日本大学医学部	52.5	60	60	62.5	67.5	65	65	65	65
東京女子医科大学	52.5	55	57.5	62.5	65	65	65	65	65
杏林大学医学部	42.5	50	60	60	65	65	65	65	65
帝京大学医学部	47.5	52.5	57.5	60	65	62.5	65	65	65
金沢医科大学	47.5	50	55	62.5	67.5	65	65	65	65
愛知医科大学	42.5	52.5	60	62.5	65	65	65	65	65
藤田保健衛生大学	40	50	60	60	65	65	65	65	65
兵庫医科大学	55	55	60	60	62.5	65	65	65	65
川崎医科大学	50	52.5	55	55	65	62.5	62.5	62.5	65
久留米大学医学部	50	57.5	60	60	65	65	65	65	65
福岡大学医学部	47.5	55	60	60	65	62.5	65	65	65
獨協医科大学	45	55	60	62.5	62.5	65	62.5	62.5	62.5
埼玉医科大学	42.5	50	57.5	62.5	65	65	62.5	62.5	62.5
東海大学医学部	45	55	60	60	65	62.5	62.5	62.5	62.5
聖マリアンナ医科大学	42.5	50	57.5	62.5	65	62.5	62.5	62.5	62.5
北里大学医学部	50	52.5	60	60	65	65	62.5	62.5	62.5

〈参考〉

慶應義塾大学　理工	62.5	60	62.5	65	65	65	65	65	65
早稲田大学　理工	60	62.5	65	65	65	65	65	65	65

表1-1　私立大学医学部の偏差値推移

出典：1987年「栄冠めざして　vol.3」（河合塾）、1990年「サンデー毎日」1990.10.14号、1995年「サンデー毎日」1995.11.12号、2005年以降、河合塾偏差値ランキング表

年度	1985年	1995年	2005年	2010年	2011年	2012年	2013年	2014年	2015年	2016年
国公立志願者数　男性	12616	23074	22468	22311	23736	25459	24183	24357	22555	21074
国公立志願者数　女性	2293	10446	10105	10581	12006	12584	11934	11980	11306	11162
国公立志願者数合計	**14909**	**33520**	**32573**	**32892**	**35742**	**38043**	**36117**	**36337**	**33861**	**32236**
国公立入学者数　男性	4284	3155	3056	3597	3402	3525	3564	3576	3668	3689
国公立入学者数　女性	864	1430	1312	1595	1735	1655	1646	1648	1694	1703
国公立入学者数合計	**5148**	**4585**	**4368**	**5192**	**5137**	**5180**	**5210**	**5224**	**5362**	**5392**
私立志願者数　男性	19593	35820	44781	50227	51144	52105	58846	65769	66504	64574
私立志願者数　女性	4612	15427	21790	26842	28513	30261	35209	41039	40741	39441
私立志願者数合計	**24205**	**51247**	**66571**	**77069**	**79657**	**82366**	**94055**	**106808**	**107245**	**104015**
私立入学者数　男性	2437	1897	1882	2088	2115	2122	2090	2108	2101	2179
私立入学者数　女性	733	1001	1027	1140	1156	1192	1226	1233	1263	1307
私立入学者数合計	**3170**	**2898**	**2909**	**3228**	**3271**	**3314**	**3316**	**3341**	**3364**	**3486**

表1-2　医学部志願者数・入学者数の推移（国・私立別、男女別）

出典：文部科学省「学校基本調査」より算出

昔から国立医学部入学は難しかったが、現在はそれが私立大学にも及び、倍率からしてかなり過激な様相を呈している（表1-3）。

国立大学の入学試験は、センター試験の点数が実質的に一次予選の機能を果たしているので、見かけの倍率は、年次によってそれほど変化しない。しかし私立大学は、その制約がない。一縷の望みに賭けて、出願する者が後を絶たず、一人で一〇以上の医大に出願することも決して珍しくはない。

こうして見ると、私立医学部の人気の高まりは異常なほどで、ま

大学名	試験方式	出願者数	合格者数	入学者数	倍率
日本医科大学	一般	2241	非公表	116	19.3
東京慈恵会医科大学	一般	2276	316	112	7.2
東京女子医科大学	一般	1664	179	76	9.3
岩手医科大学	一般	3540	207	88	17.1
東京医科大学	一般	3620	非公表	78	46.4
慶應義塾大学医学部	一般	1689	167	68	10.1
東邦大学医学部	一般	3242	非公表	117	27.7
日本大学医学部	一般	4521	215	99	21.0
大阪医科大学	一般	1933		89	21.7
昭和大学医学部	一般	3962	267	78	14.8
関西医科大学	一般	2124	非公表	94	22.6
久留米大学医学部	一般	1929	166	85	11.6
順天堂大学医学部	一般	2081	非公表	82	25.4
北里大学	一般	2298	224	71	10.3
杏林大学医学部	一般	2464	非公表	80	30.8
川崎医科大学	一般	1564	非公表	71	22.0
帝京大学医学部	一般	7567	194	137	39.0
聖マリアンナ医科大学	一般	3648	非公表	99	36.8
埼玉医科大学	一般	2679	非公表	112	23.9
金沢医科大学	一般	3588	非公表	67	53.6
愛知医科大学	一般	2168	324	63	6.7
藤田保健衛生大学	一般	2139	278	70	7.7
兵庫医科大学	一般	1815	168	80	10.8
福岡大学医学部	一般	2568	149	70	17.2
獨協医科大学	一般	1675	104	56	16.1
東海大学医学部	一般	5398	143	66	37.7
近畿大学医学部	一般	1902	171	65	11.1
産業医科大学	一般	2028	98	85	20.7
東北医科薬科大学	一般	2458	297	100	8.3

※多くの大学が多様な試験方式を設けているが、最も多くの合格者を出す試験方式の倍率を算出した。また、一般試験の実合格者数を公表していない大学については、その試験方式における定員を表記した。

※倍率のアミカケは入学者数（合格者数非公表のため）に対する倍率を示す。

表1-3　私立大学医学部の出願者数、合格者数、入学者数、倍率

出典：各大学発表

さに過熱した状況にあると言える。なぜこのように医学部志望が過熱化するのか？

以下では、この点について考察を加えていくことにする。

（２）二つの世界

国公立と私立、研究医と臨床医

現在の過熱化する医学部入試を考察するにあたって、まずは医大の格付けについて説明を試みたい。国公立と私立の医大の違い、さらには私立大学医学部の変化について言及することで、過熱化の背景がより明確に理解できるはずである。

まず医学部は、国公立大学と私立大学で大きく区分けされることが多いが、私立大学の中にも、格付けを伴った区分が存在する。

これは、概ね設立された年度で区分けされるもので、一九四〇年代までに設立された旧設医学部、そして一九七〇年代前後に設立された新設医学部と、ほぼ二層に分かれる。一部の例外はあるが、基本的に古ければ古いほど、その格が上がると考えてよい。

当然のことながら、国立旧帝国大学医学部の歴史は古く、今なお入学難度としては受験の世界の最高峰である。同様の格付け感が、私立医学部の中にも存在するのだ。

では、各医学部の格付けは、実際にどのような影響を及ぼすのだろう。

医師免許を取るという点では、国立旧帝国大学医学部でも、私立大学でも、その中身に変わりはない。しかし医師の世界にはある種の役割分担がある。それは研究医（研究を主とし実際の患者の診察は研究に資するためのものに限定される）と臨床医（診察主体の医師）の違いである。

そもそも格付けの高い医学部は戦前に設立されており、その国家的意図は研究医、軍医の育成にあったといってよい。

「芸者を揚げる」という表現があるが、戦前に生きる庶民にとって、病院で診察を受ける、医師に往診を依頼するというのは、まさに「芸者を揚げる」ように「医師を揚げる」ことを意味し、贅沢な一大イベントであった。

医療の大衆化はまだまだ遠く、臨床医そのものの数も少なく、何よりも国民皆保険の仕組み自体が存在していないがゆえに、多くの庶民にとって「医師にかかる」ということは、非常に高額な費用を要する稀有な出来事だったのである。この時代の医師の仕事の基本は研究にあり、いわゆる町医者という存在はごく例外的なものだったと言える。

この空気は現在も引き続き存在し、研究医を目指すならば、国公立大学や、戦前から存在する慶應義塾大学医学部のような入学難度の高い私立医学部を出ていた方がよい。

もちろん、それほど歴史を持たない私立大学を出たからといって、研究医になれないわけではない。また、近年の東京女子医科大のように、研究志向を掲げる私立大学もある。

しかし、そもそも多くの私立大学は臨床医の育成を中心に掲げており、その学生のほとんどは臨床医を志向している。ゆえに現在でも、大学病院に勤め、研究を主体とする医師の供給源は、国公立大学医学部が中心である。この点が、医学部の格付けの根幹にあるのだ。

私立大学を見ても、戦前に設立され、研究医を輩出してきた慶應義塾大学医学部、東京慈恵会医科大学、日本医科大学が、御三家と呼ばれ、入学難度の高い医学部として今なお君臨しているのが、その一つの証左と言える。

臨床医、特に開業医としての成功は出身大学に縛られるものではないが、研究医という観点で見れば、出身大学の偏りが存在する。医師の世界の一つの側面として、研究医と臨床医という区分けの存在は無視できないものとしてあるのだ。

臨床医の育成を目的とした一九七〇年代の医学部開設ラッシュ

医師の世界の気風として、研究、臨床の区別があるとしても（もちろんすべての医師がこの区別を意識しているわけではない）、医療費を支える国民の立場で考えれば、研究医であれ、臨床医であれ、いずれも崇高な仕事に関わる医療従事者であることに変わりはない。日本は医療先進国の一角をなしているが、それは多くの臨床医によって担われていることを忘れてはならない。

そもそも一九七〇年代に次々と医学部が開設されたのは、国民皆保険制度の定着と呼応した、臨床現場の拡充を指向したもので、私たちが直接に恩恵を受けている医療サービスは、一九七〇年代に設立された新しい（多くは私立）医学部の所産なのである。

多くの私立大学医学部は臨床医を育成するという使命感が非常に強く、入学試験選抜も、臨床の現場に出て、患者に対して適切な対応ができるか否か（コミュニケーションを含めて）という観点からの人間評価が関わってくる。研究医であろうが、臨床医であろうが、そのミッションは崇高であり、格付け感というより、医師育成の分担と考える方が適切であろう。

創設年と偏差値

臨床医の育成を目指した、主に私立大学の設立ラッシュは、前述したように二つの時期に分かれる（表１－４）。

慶應、慈恵会、日本医科の御三家に続いて、大正から昭和初期にかけて新規医学部設立が模索され、このタイミングで多くの私立医学部が設立された。前記三大学を含めて、これらの私立医学部を一般的に「旧設医学部」と称し、偏差値の序列にも概ね反映されている（学費も相対的に安い）。

私立大学は、慶應義塾大学医学部を頂点とし、東京慈恵会医科大学、順天堂大学、日本医科大学がそれに続き、さらに昭和大学や東京医科大学、東邦大学、東京女子医科大学などが続く。

入学試験でも、都市圏の「旧設医学部」に合格すると、私立大学の中でも「一段階上の大学に合格した」という評価が周囲からなされることになる。

対して一九七〇年代、この時代は国民皆保険制度が定着し、医療の大衆化が刻々と進み、深刻な医師不足に直面した。これにより医師養成の社会的気運が高まり、医大設立が急ピッチで進められた。

創設順位	大学名	創設年	偏差値
1	日本医科大学	明治９年	67.5
2	東京慈恵会医科大学	明治14年	70
3	東京女子医科大学	明治33年	65
4	岩手医科大学	明治34年	65
5	東京医科大学	大正５年	67.5
6	慶應義塾大学医学部	大正６年	72.5
7	東邦大学医学部	大正14年	67.5
	日本大学医学部		65
	大阪医科大学	昭和２年	67.5
10	昭和大学医学部	昭和３年	67.5
	関西医科大学		67.5
	久留米大学医学部		65
13	順天堂大学医学部	昭和18年	70
14	北里大学医学部	昭和45年	62.5
15	杏林大学医学部	昭和45年	65
	川崎医科大学		65
17	帝京大学医学部	昭和46年	65
	聖マリアンナ医科大学		62.5
19	自治医科大学	昭和47年	67.5
	埼玉医科大学		62.5
	金沢医科大学		65
	愛知医科大学		65
	藤田保健衛生大学		65
	兵庫医科大学		65
	福岡大学医学部		65
26	獨協医科大学	昭和48年	62.5
27	東海大学医学部	昭和49年	62.5
	近畿大学医学部		67.5
29	産業医科大学	昭和53年	67.5

※偏差値は河合塾（2015年度）のもの。
※戦前設立の大学に関しては、近代的な医学専門学校として成立した年を創設年とした（明治・大正期創設の各大学については諸説ある）。

表１-４　私立大学医学部の創設年

出典：各大学発表

この時代に誕生した私立医学部では、国民皆保険制度に対応した臨床医、いわゆる「町のお医者さん」（かかりつけ医）の育成に主眼が置かれ、実際にそのような趣旨を大学医学部が明言し、それに沿ったカリキュラム構成がなされた。この指針は現代でもほぼ変わらない。「旧設医学部」に対し、この時代に設立された私立大学を「新設医学部」と称するのが通例である。表１－４をご覧いただくと、偏差値の序列が、ほぼ設立年度を反映していることがわかると思う。

ただ近年、学費の減免を謳う私立大学が現れ、それに伴って偏差値も上がっている。国公立大学に比べればもちろん高額ではあるが、学費減免をすれば偏差値が上がり、入学難度が上がるというのも、一つの現実である。その背後には、高校生受験生の医学部進学熱があるのだが、この点は後ほど詳述する。

（３）なぜ医学部入試は過熱するのか

驚異的に上昇した私立医学部の偏差値

私立大学医学部の学生と言えば、さして優秀でもないのに、親の財力やコネで入学している、という一般的なイメージがある（筆者もそういった先入観を持つ人に直面することが多く、とまどうことがよくある）。しかし先に述べたように、現在の私立大学医学部は、最も入りやすい大学でも、早稲田や慶應の理工学部に並ぶレベルであり、一昔前のイメージは当てはまらない。

そもそも「私立医学部学生」＝「勉強のできないお金持ちの子弟」というイメージは、いつ作られたのか？　それは、医学部新設に沸いた一九七〇年代に遡る。

一九七〇年代に設立された「新設医学部」については、一気に多くの大学が誕生したため、社会的評価としては「懸念」という空気が一般的だった。医師の粗製濫造という批判も公然となされ、よって大学入試における偏差値も現在とは全く異なる様相を呈していた。

現在、河合塾の大学ランキングでは、私立医学部の偏差値は最低で六二・五、その多くは六五以上である（表1‐1参照）。これは私立理系の頂点である早稲田、慶應の理工学系の学部に並ぶか、それ以上だ。

偏差値だけで合否が決まるわけではないが、絶対的学力水準としては、一九七〇年代～八〇年代の慈恵会、日本医科に入学するよりも、今の「新設医学部」に入学する方がむしろ困難である。

そもそも「新設医学部」には、一九七〇年代から一九九〇年代にかけてならば、「普通」以下の学力の受験生でも合格することが可能だった。例えば、かつて金沢医科大学、愛知医科大学、藤田保健衛生大学の偏差値は五〇以下だった。

こういった「新設医学部」に入学することは、高額な学費を支払うことができ、かつ保護者が「新設医学部」であっても構わない、と容認した場合のみに成立する。当然のことながら、この条件を満たす受験生は、当時はそれほど多くなかった。そしてこの条件こそが、現在もなお残る「私立医学部学生＝勉強のできないお金持ちの子弟」の源流だと言える。

しかし現在の私立医学部の様相は、当時とは全く異なる。国公立大学は相変わらず難関だが、私立大学もそれに追随するほど難化し、その勢いは今なお止まることがない。

開業医の子供たちが殺到

これほどまでに私大医学部の難度が上がった要因は、いくつかある。

まずは子供を持つ開業医の視点から考えてみたい。それは一九七〇年代の「新設医学部」の設立ラッシュによる医師数の増加に伴い、時を経て医師の息子・娘も同様に激増したことに原因がある。

一九七〇年代後半から一九八〇年代にかけて「新設医学部」の設立によって医師数が激増し、加えて一九八五年における医療法人に関する法律の改正によって「一人医師の医療法人」が認可されることになった。

現在、街中で当たり前に見ることができる小規模クリニックは、この認可以降の産物である。法改正によって小規模クリニックの設立が加速度的に進むことになったのだ。この改正は、一九七〇年代に「新設医学部」を卒業した医師たちが、三〇代半ばに差し掛かる頃になされた。医学部新設とつじつまを合わせるように、医療の大衆化が政策的に具現化されたのである。

医学部新設からこの法改正の一連の流れによって、街に多くの小規模クリニックが誕生した。現在五〇歳以上の方ならば記憶にあると思うが、一九七〇年代には、現在のような小規模クリニックはほぼ存在せず、少なくとも一人医師の医療法人は理論的に存在しえなかったのである。

ちなみに、法改正翌年度・一九八六年における「一人医師医療法人数」は一七九に過ぎなかった。しかしその翌年は七二三、さらに年を追っていくと一五五七、六六二〇、九四五一、一万一二九六と、五年で六〇倍を超える数となった。この数は二〇一五年には四万一六五九となり、医療の大衆化政策はその企図通り、社会に定着したのである。

現在、私立医学部を目指す受験生の親は、医療法人の理事長・院長である場合が多く、その理事長・院長の数からしてすでに四万を超えているのだ（歯科を含む）。

この一連の流れが、現在の私立医学部入試の過熱の原因の一つとなっていると考えてよい。つまり、一九八五年以降に医療法人を設立した医師たちの息子・娘が、私立医学部入試に殺到しているのである。

母親の意識

そもそも小規模クリニックでも、それなりの設備投資を要する。また、開業しても患者が集まらず閉鎖に追い込まれるクリニックも少なくない。小規模なクリニックでも、開業には多大なリスクを伴うが、現に存在し開業一〇年以上の時を経ているならば、そのクリニックは、地域医療の担い手として信頼を得ていると考えてよい。それは無形ではあるが、大きな資産である。

病院は株式会社ではなく、医療法人として法人格を取得する。特に小規模クリニックの理事長は、一人医師である院長が兼務することが通例である。そして一人の医師として、また医療法人の理事長として、この資産を子供に引き継がせたいと切実に考える開業医が増加することは極めて自然なことである。

もちろん開業医として生きることは決して簡単ではない。それゆえ、父親である医師は、クリニックを自らの子供に引き継ぐことに拘らないという例も少なくない。しかし母親はどうであろうか。

一九七〇年代から八〇年代に学生時代を過ごした医学生の男女比率は、今以上に圧倒的に男性の比率が高かった。ゆえに、母親が医師であるというケースはそれほど多くない。受験生を持つ母親の属性は、看護師などの医師以外の（元）医療従事者か、医療現場とは縁のない経歴の専業主婦がその大半を占めることは想像に難くない。

子供の進路選択に母親が大きく関与する構図が、どの家庭でも成り立つわけではない。しかし、有形無形の資産としての医療法人を持つ家族の一員たる母親が子供に何を望むか、この点を想像すれば、医学部入試過熱の要因の一端がうかがえるのではないか。

診療が忙しいゆえに、子供の教育に無頓着な、父・医師は多いが、その父を支える母こそが、子供を医師の世界へと導くべく奮闘している風景は、あまりにもありふれている。

女性志望者の増加

もう一点見逃せない側面がある。それは女性の社会進出である。医師の世界も例外ではなく、現在、医学部志望の約四〇％は女性である。一九八〇年代の医学部受験の世界では、女性志望者の比率は二〇％以下だった。近年の過熱現象は、この女性受験生の激増によるところも大きい。

前世紀の医師家庭では、息子が後継医師、娘は芸術分野へと分岐する例が多く見られたが、現在は男性も女性も、兄弟姉妹揃って医師を目指すという構図ができあがっている。

加えて、二〇一二年、二〇一三年にこの傾向に拍車がかかった。私立医学部は相当な費用を要するが、贈与税の法改正があり、祖父母からの資金援助を得やすい環境が整えられた。つまり、祖父母からの学費援助、塾予備校の費用援助が可能となったのだ。具体的には、一五〇〇万円までの教育費に関わる生前贈与が、贈与税の対象から外れ、非課税となった。この法改正により、兄弟姉妹揃って私立医学部を目指せるようになった家族も少なくないだろう。

まとめれば、一九八〇年代以降に小規模クリニックを設立した医師たちが、受験生となる子供を持つ年代に到達し、かつ女性の医学部進出が活発化し、さらにそれを後押しするかのように贈与税の法改正まで加わった、ということである。

これにより、国立大学に比して（それでもまだ）入学しやすい私立医学部に大量の受験生が流れ込んできた。この萌芽はすでに二〇〇〇年代半ばにあり、この一〇年で激増し、ここ数年でさらに拍車がかかったのである。

（4）子供の視点から

子供は報酬に惹かれているのか？

これらの社会的な変化が、医学部熱を押し上げていることは確かだ。しかし、それは一面の事実ではありながらも、表層的な現象に過ぎない。実は、こういった現象面以上に、当の子供たちの意識も重要である。

例えば、医学部進学の過熱状況がメディアに取り上げられる際に、必ず言及されるのが、医師の年収といった話題である。開業医であれば、その年収は数百万円から億に達するまで幅がある。一方の勤務医の場合、平均年収は一〇〇〇万円台前半から半ば程度と言われており、労働者の平均賃金の約三倍から四倍弱である。

しかしこれですら、一つの表層的な現象に過ぎない。つまり、今の子供が、報酬がよいから医師を目指そう、と考えているのか、ということに目を向けなければならない。

私が知る限り、医師という仕事が他の仕事に比してどれほど報酬面で恵まれているかということを、子供自身が具体的に熟知しているわけではない。医師という仕事に、報酬以上の魅力を感じなければ、その心は動かないはずである。

事実、医学部を志望する高校生受験生に対して、報酬面での魅力を投げかけても、「何の話だ」という反応が返ってくるのが普通である。報酬が高額だということはうっすらわかっており、そのことは視野には入っているが、医師になる動機としては、相当下位に位置する印象を受ける。

勤務医の場合

開業医が増え、その世襲が求められる時代になったがゆえに、医学部志望者が増えたのは事実である。しかし開業医の子弟だけで、この増加分をすべて説明することはできない。実際、開業医ではなくても、医師という仕事は世襲を誘発しやすい。それは、報酬が格段によいからだろうと推測することも可能だが、勤務医の報酬が魅力に満ち溢れているかというと、そうとは言い難い。

確かに勤務医であっても、前述のように、平均的な労働者の三倍程度の収入は得られるだろう。しかしそれはあくまで平均収入である。勤務医の報酬が仕事の内実に見合っているか、あるいは、収入が平均に達しない医師の現実を考えれば、子供が無条件に医師という仕事に憧れを抱くとは限らない。

近年、比較的知られるようになったが、勤務医の待遇は、勤務医自身が満足できるほどのものではなくなっている。病院の経営は決して楽ではなく、その締め付けは現場に強く及び、家族を顧みる時間などない状況の勤務医は実に多い。ミス一つ許されず、また、医療従事者で構成されるチームのリーダーにもならなければならない。

傍観者の立場からすれば、よくぞここまでの仕事を、と思わざるを得ない状況も多い。それを間近で見てきた息子・娘たちならなおさらだ。過酷な勉強を続けてまで、どうしても就きたい仕事だと考えるのは、決して自然なことではない。

開業医とて同じことである。医師としての仕事と同程度に経営者としての資質が問われ、よい診療をしていれば勝手に患者が集まってくるような状況にはない。歯科医も含めてだが、先の一人医療法人設立数を見れば、主に都市部で熾烈な競争が巻き起こっていることがわかる。事実、廃業に追い込まれるクリニックも少なくない。

なぜ子供たちは医師になりたがるのか?――三つの要因

こういった状況を知れば、報酬がよいから医師を目指す、という構図が乱暴なとらえ方であるとわかるのではないか。

しかしそれでも医師という職業が、世襲を誘発しやすいのは事実である。そこには金銭面の魅力だけにとどまらない、何かがあると考える方が妥当である。

開業医の医師が跡継ぎを望むのは、有形無形の資産の引き継ぎが目的だろうが、少なくとも勤務医の息子・娘の世襲欲求は、医師という職業の金銭面以外の魅力を映し出しているはずである。

それは一体どのような魅力であろうか。高校生受験生の内面を推測するに、医師に対する就業欲求が生じる三つの要因が存在する。

以下にそれを挙げていこう。

安定性

第一点目は、報酬と称賛の絶対的安定性である。

いくら医師が激務と言っても、働く場所や環境を調整すれば、納得できる報酬を得ることが、他の職業に比べて圧倒的に容易である。この点は、子供とは言っても高校生受験生も理解できている。

しかし報酬面の安定性と並んで、あるいはそれ以上に、医師という職業によって得られる尊敬の念が、医師を目指す高校生受験生にとっては重要なのではないだろうか。

勉強をすれば、称賛される人生が得られるという構図は、すでにこの日本にはない。官僚になっても、巨大企業に勤務しても、そこでは激しい競争にさらされ、死ぬまで一貫した安定的な称賛を得られるとは限らない。そもそも官僚や大企業の社員になるためには、大学在学中に、かなり合格率の低い試験に臨まなければならない。

その点、医学部に入学すれば、九〇%以上の確率で医師になることができる。国家試験は大変だが、それは志望者をふるいにかける試験ではない。この点に、医師という職業の特性があるとも言える。

一般的に称賛を得られる仕事というのは、プロ野球選手であれ、将棋の棋士であれ、弁護士であれ、キャリア官僚であれ、入り口で厳しいふるいにかけられるか、就業してからふるいにかけられ続けるかのいずれかである。

プロ野球選手や棋士は、そもそもその仕事に就ける確率が極めて低い。弁護士やキャリア官僚は、大学受験を経た後、改めて厳しい選抜試験に臨まなければならない。

その点、医師は医学部に入学することだけが、最大の関門である。もちろん医師国家試験や大学の単位認定は非常に厳しいが、司法試験や国家一種試験ほどの難しさがあるわけではない。医学部生として標準的な勉強をしていれば、ほぼ医師になれるという現実は、社会的な称賛を得られる職業に就くハードルとしては破格に低い。

いや、それでも入学試験は熾烈を極めるではないか、という反論もあろう。

そういう反論に対しては、次のような再反論を試みたい。

最も受験者が多い河合塾の全統マーク模試で偏差値六五に到達する者は、上位七％前後である（標準偏差の違いなどで変動するが）。もちろん、偏差値が六五なら自動的に医学部に合格するわけではなく、あくまで目安に過ぎないが、それでも偏差値が六五に到達すれば、私立医学部の合格圏内に入っていると判断することはできる。

河合塾の全統マーク模試は、勉強のできる受験生もできない受験生も受ける一般的な模擬試験である。こういう一般的な競争で上位七％に入りさえすれば、参入チケットが高い確率で手に入る仕事は、医師をおいて他に存在しない。少なくとも勉強に近い場所で生きてきた高校生受験生にとっては、この点は極めて魅力的なのではないか。繰り返しになるが、医学部に入って以降、医師になるための「選抜試験」は存在しないのである。

そして、医師になった自分を、家族や友人や教師たちは間違いなく称賛するはずだ。これは医学部に入学するだけで、ほぼ確実に実現する光景である。医師は、他の勉強や試験を要する職業に比して、必死に勉強したリターンが圧倒的に安定しているのだ。

勉強ができる理系高校生受験生が、医学部を視野に入れるのは、この点で極めて自然なことである。勉強そのものにも、時折楽しさや充実感が訪れるが、一般的に苦しいものであるのは間違いない。その労苦に対する報酬を、意識的にであれ、無意識的にであれ、確実なものにするという選択は、ごく自然なふるまいだと感じられる。

地方の勉強のできる高校生にとって最高の選択

第二点目は局所的な要因だが、地元指向の理系高校生受験生にとって医師という仕事は、生まれ育った場所での安定的な仕事として最高のものである、ということだ。

過疎地域に赴くと、教師たちから「勉強ができる生徒は大人になっても地元に帰って来ない」という嘆きをよく耳にする。

学力低下が叫ばれた二〇〇〇年代半ばからの数年間、地方自治体、特に過疎地域では様々な進学支援がなされたが（今も存続している支援は多い）、効果があればあるほど、都市部への進学、引いては就職を誘発し、さらなる過疎を推し進めるという矛盾を引き起こしてしまった。

意外なことかもしれないが、地方の高校生受験生は、決して都市への移住を切望しているわけではない。むしろ地元に残ることを優先したい層は相当数存在する。しかし、過疎地域には絶望的に仕事がない。そういう中で、医師という職業は、勉強に邁進した高校生受験生が納得できる、数少ない職業の一つなのである。

『日本の医療格差は9倍』（光文社新書）に詳しいが、医師不足が叫ばれている昨今の状況は、実は医師の偏在であり、医師が足りないと嘆く地域は、過疎地域ではなく、むしろ都市近郊、特に関東地方の都市周縁部に多い。逆に、人口が少ない県であっても、県内のいずれかの大学が医学部を有しており、自宅から地元の国公立大学医学部に入学し、卒業後、医師として地元病院に勤務することが十分に可能である。

過疎地域には納得できる仕事が少ないゆえに、医師の人気は高く、学力優秀な高校生受験生が理工学部を避け、医師という仕事に殺到するのは、これまた自然なことである。

民間理系研究の仕事は、都市型の仕事であり、その道に進むと、地元に残って生きることはほぼ断念せざるを得ない。

それに対して、過疎の進む地域における魅力的な理系職業は、技官系の公務員、教師、そして医師のみと言ってよい。公務員、教員は大学を経て、さらに厳しい採用試験が控えており、本当にその仕事に就けるかどうか確証はない。となれば、進路選択の際に、優秀な層ほど医学部を選択しがちになるだろう。

また、地方で人口が減少し、経済が衰退すればするほど、地元で人生を完結させることができるだろうほぼ唯一の学部、医学部への進学欲求が高まることは必然である。

地方の学力上位校の医学部熱は、国公立大学中心だが、医学部志望熱が高まれば高まるほど、優秀な高校生受験生が医学部受験に集まり、その分だけ競争は激化し、国公立大学への合格が叶わず私立大学に回らざるを得ない層を生み出してしまう。ところてん式と言えば極端だが、学力優秀な理系受験生を誘引する要素が、やはり医学部にはある、ということだ。

キャリア教育と困難な選択の果てに

さらに第三点目。以下では、医師という仕事の社会的な評価について考えたい。

一般的に医師は、「立派な仕事をしている」「社会に貢献している」と尊敬の目で見られることが多いのではないか。それは、医療は基本的に営利事業ではなく、社会に資する仕事であるという前提で、多くの人が医師を見るからだろう。つまり医師という仕事は、利益追求事業ではなく、社会貢献事業の側面が強いと言える。そしてこれが、高校生受験生にとって大きな魅力になる。

現在の学校、特に高校は、教育メニューが非常に多彩になっている。中でも注目したいのは、キャリア教育の存在だ。キャリア教育の厳密な定義はさておき、ここでは進路選択、職業選択を支援するプログラムとして考える。子供たちに対して、こういった「選択」を促すプログラムを充実させ、抑圧する雰囲気は、二〇世紀の高校にはほとんど存在しなかった。

二〇世紀後半は、短大を含めた大学進学率が三〇％程度、都市部でも五〇％に届かない状況が続いていた。加えて経済成長神話が健在だったため、「よい大学を出ればその恩恵は安定的に与えられる」と考えられていた。大学の学部選択もシンプルで、細かい判断を求められるのは、例えば工学部の中での専攻をどうするか、といった程度だった。

大学見学を意味するオープンキャンパスなど存在せず（今では東大ですら実施している）、文系受験生の学部選択などは、経済系、法学系、文学系などから消去法で行われ、勉強に対する抑圧はあるにせよ、「選択」に対する抑圧はほぼ存在しなかった。

しかし現在はキャリア教育花盛りである。高校二年生の段階で、オープンキャンパスに参加することを夏の宿題にする高校が一気に増え、進路に対する意識の向上そのものを狙った課題や企画が、時節に合わせて次々と繰り出される。

加えて、ＩＴや人工知能の発展により、二〇年後には現在の職業の大半が消失するという未来予測が、広く人口に膾炙《かいしゃ》している。サラリーマンの賃金は頭打ちで、リストラという言葉が社会的に定着しているように、安定した雇用自体がすでに危ういものとなっている。

今の職業の多くが消失し、雇用が危ういならば、進路について考えること自体馬鹿らしいことになるが、それでも考えろと、教師たちは次々と抑圧してくる。これが、現在の高校生が置かれた状況である。

世襲を誘発するキャリア教育

この人生の選択に関与する「キャリア教育」は、深めていけばいくほど世襲が起こりやすくなってしまう。選択肢が多様になればなるほど、実感の伴った選択は困難になり、唯一リアリティのある仕事が、親の職業ということになるからだ。

高校生になると、親と没交渉になることは珍しくないが、進路を考える二年生の秋以降、親との距離を急速に縮め始める高校生は多い。オープンキャンパスに親子で参加することがごく普通の光景になっているように、多大な費用を要する進学先の選定を、親の関与抜きで決断することを恐れる高校生は過半を超えるのではないか。

あるいは直接的な関与はなくとも、進路選択という複雑な決断がリアリティを持って迫ってくればくるほど、高校生は職業人としての親を注視することになる。直接的なコミュニケーションはなくとも、職業人としての親への敬意が芽生え、それを承認する心理的働きが生まれる。こうした過程を経て、まず父親が医師である家庭で世襲の動きが始まる。

進路選択を子供と母親に任せ、どんな選択でも尊重しようと身構えている父親（医師）を前に、子供が医学部志望を表明して驚かせる、という構図は、おそらく珍しいものではないだろう。どんな職業であれ、子供が親と同じ職業を目指すという構図は、親にとってみれば自分の人生に対する最大の承認であり、これを喜ばない親はまずいない。

こうして、まず（勤務医であれ、開業医であれ）医師が家庭にいる子供が、医学部入学を熱望することになる。たとえ子供の志望が私立医学部で、学費が数千万円かかろうが、親はとことん支援する態勢作りに邁進することになる。

医師の家庭以外の子供が医師を志す理由

さらにまだある。現代の教育体制では、子供たちに対して、勉強さえできれば医師になりたいと考えることを促すメカニズムが働いている。

例えば、高校の授業に「公共」という科目が新設されようとしているのをご存じだろうか（二〇二二年度を予定）。先のキャリア教育は高校生を中心になされるが、そこに公共心を養う教育プログラムが投入される状況にある。

公共教育の一例としてわかりやすいのは、環境教育である。環境教育は一時の流行ではなく、学校現場にすっかり定着した学習プログラムと化している。

一方、我々が教育を受けてきた二〇世紀の学校はどうであったろうか。公共心を養う教育はイデオロギー教育に傾く懸念があり、むしろ触れない方がいいという時代が長く続いた。政治的な色のあるプログラムを、正式に教科とすることは、イデオロギーの対立が存在する時代には無理である。

その後、この空気が一掃され、キャリア教育や公共教育が広がり始めるのが、イデオロギー対立が終焉し、社会主義の敗北が明確になった九〇年代後半、とりわけ二一世紀に入ってからである。

現在、これらは教育プログラムとして洗練の一途をたどり、イデオロギー対立の影を心配することなく、社会的な課題、問題を正面から取り上げている。

とかく本音と建前が交錯する日本社会の中で、学校教育は差しさわりのない範囲で正論を掲げ、事実、その教育は効果を上げ始めている。環境教育が、多くの人々の環境保全に対する意識を変化させたように、公共教育は公共意識、社会貢献への欲求を醸成する。

営利を目的とする一般企業の就職面接において、社会貢献を前面に掲げ、営利はどこへ行った、と面接官をとまどわせる学生は多いと聞く。これもまたこういった教育の影響であると言える。

結局、キャリア教育は、不確かな未来における複雑な「選択」を当然のこととして位置づけるようになった。しかし、その「選択」は極めて難しい。一方、公共教育は利益追求には言及せず、社会貢献の尊さを一心に訴えかける。

「選択」は難しい。しかし社会貢献はしたい……。こうした思いに応えてくれる職業は何であろうか。

ここに、親が医師ではない家庭の子供が医療現場に参入する契機がある。医療現場と縁のない家庭であっても、息子・娘が医学部を目指したいと言い出したならば、親はどう反応するだろうか。私立大学は莫大な学費がかかるから無理だ、と言う家庭が圧倒的だろうが、先に挙げた生前贈与を促す法改正の存在を知ればどうだろう、各所で家族会議、親族会議が開かれるであろうことは想像に難くない。


二一世紀に入り、大学の学部・学科専攻は多様化し、新卒就職は困難になり、未来は不透明で、かつ数十年後に今ある職業が消失すると言われている。ほとんど強迫的と言ってもよい状況だが、こうした中で、将来就きたいと考える職業の上位に公務員が上がるのは（小学生のランキングには現れないが、中学生では六位、高校生では一位）、極めて自然である。公務員が安定した職業かというのは、長いスパンで見ればかなり疑わしいが、現在行われている公共心を養う教育や不透明な未来を考えた時、前世紀に高校生であった世代には想像もつかない意識変化が生じているのは明らかだろう。

以上の文脈を踏まえれば、医師志望の高校生受験生が激増することは、やはり自然な流れととらえることができる。弱者救済の仕事であり、公共心が満たされる仕事であり、かつその中でも相対的に高額な報酬が保証されている職業こそが医師である。

勉強のできる高校生受験生が医師を目指す要因が複合的に存在することで、持続的に高まってきた医学部進学熱が、ここ数年でさらに異常な過熱を呈する状況は、当然のことながら一つの必然である。

第2章 勉強ができるとはどういうことか

（1）大学受験の現代的な姿

現代の受験の世界は複雑怪奇で、子供が受験生となってから、その制度の複雑さを知り、混乱をきたす保護者が多い。医学部受験の現代的な姿を確認する前に、複雑化し続ける大学入学試験制度とその現状について、紹介・説明していこう。

様々な選抜の形

まず進学率に着目しよう。同年齢の子供が大学に進学する割合は、現在、ほぼ五五％前後で推移し（短大を含む割合）、大学に進学しない者は、専門学校に進学する者、就職する者等に分かれる。

浪人する者の数は、三〇年前に比して激減しているが、浪人生は後にほぼ大学に進学するので（現在の浪人は大学に入れないから浪人するのではなく、行きたい大学にこだわっているがゆえに浪人している）、現在、約一二〇万人いる一八歳人口のうち、後に大学に進む浪人生を加算すれば、七六万人以上が短大・大学に進学することになる（都市部に限ると、さらに割合が上がり、七〇％を超える高校三年生が短大・大学に進学することになる）。

では、この七六万人もの高校生の進路は、どのように分岐していくのだろうか。

短大に進学する者は、一八歳人口全体の五％程度で約六万人。よって七六万人のうち、約七〇万人が、四年制大学に進学することになる。大学進学のための選抜試験の方法は多岐にわたるが、（定員割れの大学であっても）必ず入学の可否を判断する試験を実施している。

さて、高校生受験生一二〇万人のうち、四年制大学進学者は約七〇万人（前述のように、浪人を経て後に大学に入る者を含む。現役では約六〇万人）で、その試験ルートは、

①付属校、関係校からの持ち上がり
②指定校推薦
③公募制推薦入試
④ＡＯ入試
⑤一般入試

となる。

このうち、⑤の一般入試経由の割合が六〇％弱（浪人になる者を含む）なので、一般入試受験者が約四二万人、①から④の推薦入試などが約二八万人となる。

つまり、一八歳全体の一二〇万人のうち、ペーパー試験でほぼ決まる一般入試に向かう者は約三分の一、大学進学者に限っても六〇％弱ということになる。

これを踏まえて以下に①から④の個々の試験の形態を見ていくことにしよう。

①付属校、関係校からの持ち上がり

これは私立大学のみの制度である。入学の可否は、高校一年生から高校三年生の上半期までの学校内の成績によってなされる。希望する学部が人気学部ならば、良好な成績を得なければならない。

日本大学のように非常に多くの付属校を抱える場合は、付属校横断の試験を行い、その得点によって、入学の可否、希望学部への進学の可否が決まることもある。しかし、付属校での生活態度と成績が惨憺たるものでなければ、概ね、系列の大学が入学を許可する構造となっている。

なお、医学部を有する総合大学の付属校に属し、実際に医学部を志望する場合は、高校内の各科目の成績が、ほぼ最高スコアで埋め尽くされなければならない。

②指定校推薦

これもまた、基本的に私立大学の入学試験形態だが、公立大学などでも地元高校生確保の意味合いから一部に見られる。高校一年生から高校三年生の上半期までの評定平均、つまり通知表のスコアが焦点となるが、この試験を介して大学に入学する層は二つに分かれる。

そもそも指定校推薦は、受験者本人というよりは、大学と高校が関係を結び、高校が推薦する者を、大学が入学を許可するという意味合いが強い。試験としては、形式的に面接、小論文などが課されるが、半ば大学と高校の契約のようなものなので、基本的には不合格となることはない。

近年、この指定校推薦で落とされるケースもわずかながら耳にするようになった。これは、面接での見くびった態度、小論文の未完成や途中放棄といった目に余る失敗があった場合に生じるようだ。とはいえ、高校内で選考されれば、まず大丈夫、というのが指定校推薦の実態である。

ただしこの指定校推薦制度は、定員割れ大学の台頭によって、趣を変えつつあることにも注意したい。

指定校推薦制度自体は、二〇世紀から存在していたが、当時は大学入試全体で、志願者が定員を上回る競争状態が続いていたので、高校生にとってそれなりに魅力のあるものだった。

早稲田や慶應などの有名私大を含む私立大学が高校を選定し、その高校の推薦に従って形式的な試験を行い、合格通知を出す、という流れが指定校推薦の一般的なイメージである。

しかしそこに、近年定員割れに苦しむ大学が高校の学力ランクを考慮せず、多くの高校に指定校推薦枠を提供する、という形が加わるようになった。それにより、多数の大学の指定校推薦枠が埋まらないという事態になっている。

二〇世紀の高校でも、学力ランクの高い高校では、不人気大学の指定校が埋まらないということはあったが、現在では、全域的に多くの高校で同様の事象が起きている。

つまり、現在の指定校推薦入試は、難関私大の推薦枠を狙って、高校一年生から通知表の数値を上げられるだけ上げようと考える層と、最低限の勉強で何とか推薦条件を満たして、一般入試の厳しい勉強を回避してあまり人気のない大学に進んでよしとする層の、二層構造になっている。

なお学力ランクの高い高校、伝統的な私立高校では、私立大学医学部の指定校推薦枠を有するところも多いが、当然、高校内の競争は熾烈で、高校一年生から三年生まで、通知表のどの科目の数値も、ほぼ最高スコアで埋め尽くす必要がある。

指定校推薦制度は、厳しい入学試験を経なくても、高校内の内定を取ればほぼ合格となるので魅力的だが、それを実現するためには、高校生活すべての中間・期末テストにおけるすべての科目で、ハイスコアを出し続けなければならない。同じような学力層が集まる高校では、これは容易なことではない。

なお大学の側でも、指定校推薦経由の入学者の、入学後の成績を追っており、成績不良などの問題があれば、高校への指定校推薦枠を取り消すこともある。

高校は難関大学に対して、指定校推薦の枠を設定するよう働きかけているが、枠が設定された後も、入学者が大学生活に適応できるか気を配る必要があり、いったん枠が設定されたからといって、安閑としていられるわけではない。

③公募制推薦入試、④ＡＯ入試

この二つの試験制度は、親世代にはなじみのないものだろう。

一九九〇年代に、関西を中心にこの制度が広がり、二一世紀に入って、国立を含め多くの大学が採用するようになった。

まず公募制推薦入試だが、これは高校（の校長）からの推薦が必要である。なので「推薦」という文言が入っている。

受験するためには、大学が設定する通知表の数値の下限条件がある。それに加えて試験があるが、英語や数学などのいわゆる教科ペーパー試験、小論文、面接、志望理由書、検定試験、資格の保有などの組み合わせによって構成される。中には大学で講義を受けさせ、その理解力を測るような試験まである。

また、国立大学の公募制推薦入試では、センター試験での一定のスコアを求める大学も多く、その形態は多様で、決まった形があるとは言い難い。近年、東京大学で一〇〇人の推薦入試枠（一〇学部）が設けられて話題となったため、改めてこの試験の存在を認識した人も多いだろう。

一方、ＡＯ入試は、この公募制推薦入試と非常によく似た形態のものだ。その違いは、字義通りに言えば、大学のアドミッション・オフィス（ＡＯ＝学生募集に関わる事務局）が入学を許可するもので、高校の推薦を必ずしも必要としない。つまり、意欲のある者には、細かい条件を設けず受験をする機会を与えよう、という試験である。

とはいえ、実態は公募制推薦入試と似ており、その違いは高校の推薦を必要とするかしないか、という点だけだと言える。

これら公募制推薦入試、ＡＯ入試は、（特に人気のある大学では）倍率が出るため、合格の保証はない。試験時期は一一月が多く、この試験に向かう者は、この時期に志望理由書の準備や小論文対策などに追われる。すると、受験期終盤の追い込みの時期に、必然的に一般入試対策から離れることになるため、一般入試での結果が悪くなる可能性が高まってしまう。つまり、一般入試と両天秤をかける受験生にとって、公募制推薦入試、ＡＯ入試に進むことは、一つの賭けとなるのだ。

また近年、学習活動をよりアクティブに展開し、公募制推薦入試、ＡＯ入試に適合した個性的な指導をする高校が増えつつある。東京大学推薦入試でも、東大合格者を安定的に輩出するわけではない地方の公立高校から合格者を出しているが、そういった高校ではペーパー試験対策とは異なる形で、個々の生徒に豊富で多角的な厳しい学習を求めている（後に詳述）。

三通りの受験者

まとめると、これらの現代型の試験に向かう者の形態は、大きく三通りに分けられる。

一つ目は、一般入試の激しい勉強に向かいたくない層が、定員割れに近い状況の大学を選択し、受験するという形態である。これはほぼ合格となり、競争状態にはならない。

二つ目は、一般入試の勉強に限界を感じ、通知表のスコアや英語資格試験などの実績を頼りに、公募制推薦入試、AO入試を消極的に選択する形態である。

当初、一般入試での受験を視野に入れながらも、通知表スコアや資格試験の実績を活かした方が良好な大学、あるいは志望大学に入りやすいと考える者が、この試験に向かうことが多かった。ただし、一般入試の勉強に限界を感じ、急遽、公募制推薦入試に希望を見出し、付け焼刃で受験をすると良好な結果を得られないことが多い。

また、これらの試験の特徴として、志望理由書や面接などで意欲を問われることが多いが、一般入試の勉強を離れ、自らの意欲を言語化していくうちに、自分には合格するに足る意欲がある、という過信に陥りがちなこともある。ただ、これらの試験は、意欲を当然の前提として持ち、資格の実績、各種コンテストの実績、小論文の執筆力などに富む者たちの競争である。表面的な意欲の多寡を問う競争ではない。高校時代に、どのように意欲を具現化してきたか、ということが問われる点に注意する必要がある。

医学部でも、国公立・私立を問わず、この公募制推薦入試を設定している大学は多い。しかし、医学部の推薦入試の場合、受験者を現役（あるいは一浪まで）に限定することが多く、面接などとは別に、英語や数学などの学力を問う学科試験を設けている。その意味では、小論文、志望理由書、面接を主軸とする文系の公募制推薦入試、ＡＯ入試とは趣を異にしている。

では、現実の合格者像はどういうものかというと、それは、伝統校や医学部合格者を輩出する高校の在籍生で、学校の成績良好、小論文、面接に長け、資格や課外活動に優れる、という属性を持つ者に偏る。学科試験のレベルは、一般入試ほど難しいものではないが、ほぼ完全な答案作成が求められる。倍率も高く、これらの要素の中に見るべきものがなければ、合格に至るのは非常に困難である。

三つ目は、そもそもこういった公募制推薦入試やＡＯ入試に向いている属性を持つ者たちである。

まずは部活動で全国レベルの実績があり、かつ高校の成績が良好であり、かつ志望学部への適性を感じさせる者が挙げられる。

実はかつては、このように部活動の実績を軸に受験する層が非常に多かったが、近年、志望学部での学びに適性を感じさせる実績を高校時代に積んだ者が、かなり増えている点に注目したい。

スーパーサイエンスハイスクール、スーパーグローバルハイスクール

前に示したように、こういった推薦入試で評価される教育成果に力を入れる高校が増えており、それは例えば、スーパーサイエンスハイスクール（ＳＳＨ）、スーパーグローバルハイスクール（ＳＧＨ）などの指定を文科省から受け、特別な予算を得た高校である。

ＳＳＨやＳＧＨの指定を受けることは非常に困難だが、この指定を高校が受けると、新たな先進的なカリキュラムを、単位認定講座として組み込むことができる。

ＳＳＨの指定を得た高校などでは、理系大学と連携し、大学の学部教育とつながる形でのプログラムを設定し、（高校生にしては）高度な研究活動を支援する教育を展開しているところも多い。こういった高校・大学連携のカリキュラムに参画すれば、自ずと公募制推薦入試、ＡＯ入試に適応した高校生となっていく。こういった新しい形の教育は、文科省の強い後押しもあり、広がりを見せつつある。

同時に、これに呼応して、各種の学習型コンテストなどが開催されるようにもなった。当然ながら、支援が充実している高校に在籍している高校生の方がコンテストでは有利になり、それらの実績が、公募制推薦入試、ＡＯ入試の合格を後押しすることになる。

人材流出の危機

東京大学において推薦入試が実施されるようになったのも、このような高校・大学連携カリキュラムや厳しいコンテストなどが各所で充実してきているからであり、こういう場で活躍した、最高峰の実績保持者を囲い込みたいという意欲の現れでもある。

ちなみに、現在の高校生のコンテストの最高峰は、国際数学オリンピックなど理数系科目の国際コンテストである。こういう世界規模のコンテストで実績を残すと、米国の格の高い大学から入学招待状が送付されることがある（もちろん日本の高校に在籍する高校生に対して）。

国際数学オリンピックのメダリストならば、是が非でも入学してほしい、と大学からスカウトがかかるのは当然と言えば当然だが、公平平等を旨とする日本の一般入試では、こういう高校生を無試験で入学させることはできない。米国の格の高い大学から招待状が送付される日本の高校生に対して、例えば東京大学は改めて試験をして、落とすこともある。

こういう点に、人材流失の予感を得る者は多いのではないか。実際に、筑波大学附属駒場、開成、灘といった超進学校の合格大学として、すでに欧米の大学が複数並んでいる。

推薦入試と言えば、面接や志望理由書で大人を言いくるめる高校生が出てくるのではないか、という懸念が表明されることも多い。しかし、その審査の基軸は、難関大学であればあるほど、コンテストなどの可視化できる実績にあることを忘れてはならない。

東京大学の推薦入試組が、果たして東京大学の教育に適合できるかどうか。その評価は数年を待たなければならない。ただ、こういったコンテスト実績者に対しては、良好な処遇を考える必要があり、それが難関大学の推薦入試の存続を後押ししている。

（2）一般入試

四二万人の闘い

一般入試とは、試験のみによって学生を選抜する形態である。出身高校のランク、高校時代の成績は基本的に関係ない。とにかく試験の点数によってのみ受験生を序列化し、定員に鑑み、上位から合格通知を出していく。

この試験に向かうのは、約一二〇万人のうちの四二万人程度。さらにこのうち、現役であれ浪人であれ、（いずれも）国公立大学に進学する割合は三〇％超程度で、約一三万人となる。なお、国公立大学の定員は理系偏重であり、文系三万人程度に対して理系は七万人程度、教育系・芸術系などが三万人程度の配分となっている。

一方、志願の動向として、同世代受験生約四二万人の文系・理系比率は、文系五、理系二、教育系・芸術系などその他が三となる。志願と定員の割合を考えれば、(浪人を覚悟すれば)理系受験生はいずれかの国公立大学に入学できることになる。

実際は、人気大学・人気学部に偏りがあるため、浪人する者もおり、都市部の人気国公立大学では競争が起こっている。一方、地方の国公立大学などでは競争状態が緩和され、非常に入学しやすい状況が生じている。

近年、例えば化学系の学部・学科の人気が低迷しており、地方の国公立大学などでは、非常に入学しやすい。入学しやすいということは、入学に必要な学力が低下していることを意味する。すると、基礎学力に欠ける受験生までもが合格するようになり、中には、高校授業内容の補習を行う国公立大学すら存在する。この背景には、理系受験生の、医学部を含む医療系学部全般の人気の高まりがあり、理系人材の偏在化によって、いくつかの学科で空洞化に近い状況が起こっているのである。

以上が、一般入試の形式と志望動向の概観である。

私立大学受験生の場合

では、一般入試に向かう高校生たちの実際の勉強はどうなっているのだろう。

例えば、一般入試に進む高校生のうち、国公立大学に進みたいと願う層と私立でよいと考える層は、根本的に勉強の組み立てが異なってくる。

当初から私立大学を目指す場合、文系ならば英語、国語、主に歴史の三教科に特化した勉強、理系ならば英語、数学、理科（上位私大ならば二教科、中堅以下ならば一教科）の勉強を進め、三（四）教科の学力を身につけて偏差値を上げることに邁進する。

私立大学は定員割れのところが非常に多いため、ここでの勉強は、大学に入るためというより、希望する大学の希望する学部に合格するためのものとなる。

私立大学の出願期は一二月から一月だが、その出願数は少なくて三、多くても一〇を超えることはまれで、三年生の秋口には過去問研究を重ね、出願大学を決めていくことになる。

一方、受験者を増やすことを切望する私立大学側は（大学経営の安定化につながるため）、試験の形態を様々に用意し、複数の受験機会を提供する。具体的には、一般的な三（四）教科の学部ごとの試験、全学部統一で行う試験、そしてセンター試験の点数を使用する試験などである。

いずれも点数のみによって合否を判断するが、最後のセンター試験の点数を使用する選抜試験が非常にわかりにくい。

一般的に、センター試験は国公立大学の一次予選として使われるが、私立大学の多くがセンター試験を使用した受験形態を用意しているため、私立大学志望者の大半もセンター試験を受験することになる。必要な試験科目は、大学があらかじめ指定しており（大半の大学が三（四）教科、ランクが下がると二教科でも可というところが多数）、その科目に絞って受験すればよい。

センター試験の出願締め切りは一〇月初旬、私立大学出願は一二月、一月から始まる。私大受験者は、各大学で行われる個別試験に出願すると同時に、センター型試験にも出願する。その締め切りはセンター試験の前日に設定されることが多いが、センター試験後の出願を認める大学も、中堅以下を中心に多数存在する。前者を「前出し」、後者を「後出し」と称したりもする。

「前出し」の場合、実際のセンター試験の得点が判明する前に出願するため、ある種の「賭け」となる側面がある。一方、後者の「後出し」は、センター試験を受験し、自己採点によって自らの得点が判明してから出願できるので、前年データを参考に、合格確実の大学に出願することが可能となる。

「前出し」は、難関私立大学を含めてほとんどの私大が採用し、「後出し」を採用するのは中堅以下の私大がほとんどである。

私立大学のセンター型試験は、ほとんどの大学で、センター試験の得点のみで合否が決まるので（医学部では二次試験があり、面接・小論文などが改めて課される）、一人で二〇でも三〇でも出願可能である（受験料は嵩《かさ》むが）。しかも、個々の大学に出向く必要がないという点でメリットが大きく、滑り止め大学の受験に最適である。センター試験で、滑り止め大学を複数出願し、実際の試験時に大きな失敗をしなければ、合格通知を手にできる確率は高い。

私立大学は、定員の一割程度をこのセンター型試験に配分することが多い。出願者は、その大学に入りたい、その大学の受験機会を増やしたいと切望する層と、個別試験を受けるのは面倒だが、滑り止めが必要なので出願しておく、という層に分かれる。

合格の確率が高いのは、当然、後者の滑り止めとして考えている学力上位者であるが、彼らは、より上位の大学に合格するケースが多く、入学辞退者が続々と現れることになる。

このような現象が起こるため、私大のセンター出願で求められる絶対的学力は、個別試験よりも高くなることが多く、難度が上がりがちである（中堅以上の私立大学に限ってだが）。大学側も、次々と上位大学に合格して抜けていく受験者の動向を読んで、何人に合格通知を出すかという難しい判断を重ねていかなければならない。場合によっては、定員の一〇倍程度の合格通知を出すこともある。

一方、仮にセンター試験で失敗し、滑り止めだと思っていた大学が滑り止めにならない確率が高まったならば、センター試験受験後の出願を認める大学の中から、（センター試験の自己採点点数に見合う）滑り止め大学を改めて選定し、出願することになる。

このように、センター型試験を含め、二から一〇の私立大学に出願をし、センター型試験であれ、個別試験であれ、入学してもよいと考える大学から合格通知が届けば、受験は終了である。あとは入学手続きを待つのみだ。

国公立大学受験生の場合

一方、国公立大学受験生では、センター試験の重要度が非常に高まる。国公立大学のほぼ大半が二段階選抜を採用し、センター試験を経てから、各大学の個別試験に向かうことになるからだ。

センター試験を一月半ばに受け、その前後に滑り止め、あるいは試験の練習代わりとなる私立大学数校に出願する。その後、私立の受験を二月初旬から三週目までに終え、二月最終週の国公立大学の前期試験に備えることになる。国公立大学には後期試験も存在するので、その出願も二月初旬までに済ませておかなければならない。

国公立大学の試験が複雑なのは、

①一次試験と二次試験の比重が大学ごとに異なるため、秋以降は志望大学に応じて、センター試験重視か、二次試験重視か、センター試験対策をいつからどれくらい始めるかなど、きめ細かい対策が求められること

②センター試験を終えた後に出願があるため、自分のセンター試験の点数に鑑み、受験大学が急に変更される可能性があること（ほとんどがセンター試験失敗による、出願大学の変更）

③前期試験に落ちた者のみに後期試験の受験の機会があるため、後期試験も視野に入れなければならないこと

などの要因があるためだ。

これらを一つ一つ見ていこう。

まず①である。国公立大学では、大学ごとにセンター試験と個別試験（二次試験）の配点が異なり、かつ二次試験の科目もそれぞれである。

一次試験たるセンター試験の点数に比重を置き、二次試験では小論文や少数の科目しか試験しない大学から、センター試験にはそれほどの配点を付さず、二次試験にそれなりの科目数を設置し、その試験も記述式（選択肢問題の出題率が低い）中心という、二次試験重視の姿勢を貫く大学まで多様である。

概ね難度の高い大学ほど、センター試験を五教科七科目のフル設定で課しつつ、それでいてその配点を低く抑える。

例えば、難度最高峰の東京大学では、五教科七科目、英語リスニング付きで九五〇点満点（単純計算した場合）のセンター試験を一一〇点にまで圧縮する一方、二次試験では英語、数学、国語に加えて、理系ならば理科二科目、文系ならば社会二科目の四教科五科目を課し、その満点を四四〇点とする。そこにセンター試験の一一〇点を加算し、五五〇点満点で合否を判定する。東大の二次試験は、理系でも国語が課される点が特徴的だ。

いずれにせよ、東大入試では全科目とも、最高度のスピード感と思考力を求められる問題が並ぶため、センター試験で失敗するようでは、二次試験に対する不安が高まるばかりである。東京大学合格者のセンター試験得点率の平均は、ほぼ九割弱である。

そもそもセンター試験は高校一、二年生の学力を問うものであり（ゆえに数学Ⅲは試験範囲となっていない）、しっかり教科書の内容を学習していれば難しい試験ではない、というのが建前である。しかし、国立大学の求める五教科七科目（ほとんどの国公立大学が英語のリスニングを求める）すべてで高得点を出すためには、入学試験に対して優れた資質を持つか、高校時代、各科目の勉強を丹念に進めてきたという実績が必要である。こういう者にとっては、センター試験は簡単だ、ということになる。

一方、部活などに打ち込み、受験期になって初めて本格的な受験勉強を始めようという者は、膨大な勉強量に目眩を覚えることになるだろう。中間・期末テストのための刹那的な勉強をこなすだけで、蓄積型の勉強をしてこなかった者にとって、センター試験は極めて多くの教科によって構成される、大きく高い壁と感じられるに違いない。

センター試験の難度

では、その難度の実態はどうであろうか。

一般的に、センター試験は平均点が六〇％前後になることが多いが（時折、四〇％台後半となる科目も出現する）、これはひやかし受験も含めての点数である。二〇一七年のセンター試験の現役志願率は一八歳人口の四三・九％、約四七万人を数える。

先述したように、一般受験者は現役全体で四二万人程度なので（私立大学出願者には、センター試験型入試を使わない者も少数だが存在する）、センター試験受験者には、すでに推薦入試等で合格が決まった者が混入していることになる。

これは、推薦入試合格後、勉強をやめてしまう者が多いので、高校側がセンター試験の受験を義務付け、勉強持続のモチベーションに使う動きがあるからである。この層は数万人規模（もしかすると一〇万人に迫る数が潜んでいる可能性もある）に及ぶが、後に入学試験が控えているわけではないので勉強は深まらず、平均点の押し下げに貢献することになる。

センター試験の平均点六〇％前後は、こういった層も含めてのものである。

となれば、やはり試験自体はそれほど困難なものではないと言えるかもしれない。しかし、私立大学出願で数科目を使うだけなら別だが、五教科七科目トータルで以下の得点を求められるとすれば、どうだろう。

地方国公立大学で七〇％超
都市部の国公立大学で八〇％超

難関国公立大学で九〇％程度

この目安に従えば、受験勉強を一年間だけで考える中間学力者層には、手に負えない試験だと言える。ゆえに国公立大学志望の受験生は、それだけで習慣的に勉強をこなす力、持続的学力に長けていることになる。

国公立大学志願者の平均的な姿

以上を踏まえ、国公立大学志願者の平均的な姿を追っていこう。

まず、センター試験と個別の二次試験のうち、センター試験を重視する国公立大学を目指す場合（教員養成系や地方の国公立大学に多い）、当然のことながら、センター試験中心に勉強を組み立てなければならない。

苦手科目の克服、模擬試験の結果からわかる不振科目への配慮、教科書レベルの問題を中心に、あまりに難しい問題は避け、ひたすらセンター試験で得点するための勉強を行うことが重要になる。

センター試験重視の国公立大学は、二次試験での科目が絞り込まれている場合が多い。また、二次試験に進むことができるかどうかはセンター試験の結果に左右されるので、センター試験以前の二次試験対策はあくまで軽く行うべきである。

そして、センター試験で首尾よく満足できる点数を取ったうえで、センター試験終了後、二次試験までの約五週間で集中して対策に取り組むことが基本戦略となる。センター試験の勉強が危ういにもかかわらず、二次試験対策を進めるのは本末転倒である。

一方、難関国立大学を目指す者たちはどうだろうか。

難関国立大学は、センター試験の比重が軽い傾向にあり、逆に二次試験の問題が高度なので、早い段階で二次試験対策に取り組む必要がある。

二次試験対策を行うためには、主要科目の基礎的な学習が一通り終わっていなければならない。もし、夏の段階で何かしらの困難を勉強に感じるなら、難関私立大学への志望変更、志望大学の格下げ、究極的には浪人も視野に入れざるを得なくなる。

模擬試験の成績や勉強の手応えから、十分に闘えるとなれば、二次試験で課される科目の対策を進めながら、一二月あたりからセンター試験の対策にもとりかからなければならない。

難度の高い二次試験の問題の対策を進めていれば、標準的な問題で構成されるセンター試験はそれほど怖いものではないが、センター試験には独特な一面もあるので、問題の形式や受験の手順を確認しながら、見くびることなく準備をする必要がある。

また、私立大学数校にも出願することが一般的なので、それら私立大学の過去問題も概観しておく必要がある。

このように、視点をめまぐるしく変えながら勉強を進めるのが、難関国立大学を目指す者の受験最後の半年の姿である。

センター試験後

さて、それぞれの思いを胸にセンター試験を受験したとしよう。この後に何が待っているのか。

センター試験は問題用紙を持ち帰ってよい。そして自己採点を行う。試験中に、自分が選択した解答を、解答用紙だけでなく問題用紙にも記録し、自己採点に備えなければならない。自分の点数がわからなければ、二次試験の備えに支障をきたすからである。

センター試験翌日、受験者は学校や予備校への招集がかかり、河合塾や駿台予備校が用意したシートに、希望する大学と自分の得点を科目別に書き込む。このシートは直ちにデータ処理され、二週間ほどで、現状分析の成績表として返却される。志望大学に対してA〜Eなどの五段階で、合格可能性が明記されている点が特徴である。

同時に河合塾は、インターネット上で「バンザイシステム」というプログラムを公開する。これによって、全国の国公立大学、私立大学センター出願方式の受験者得点分布を検索できるようにもなる。つまり、志望大学志願者における自分の位置を知ることができるわけだ。

ここで、センター型試験で私立大学に出願した受験生は、成績表の五段階評価から合否を推測できることになる。Ａ・Ｂであれば合格、Ｃならばほぼ大丈夫、Ｄとなれば危険、Ｅは見通しが暗い、ということになる。しかし、これはあくまでも予備校などがデータから推測する予測値なので、まれにＣでも不合格、Ｅでも合格ということがある。

当然、想定外の低評価、センター試験失敗となれば、私立大学の個別試験や、滑り止め受験の機会を増やさなければならないだろう。

センター試験の自己採点による得点が明らかになった段階で、バンザイシステムに入って点数を入力し、前年のデータを基に自分の持ち点で合格可能性ＡやＢの大学を探すこともできる。志望大学の受験準備を進めつつ、滑り止め対策は万全かと自らに問いながら時間が流れていくことになる。

一方、国公立大学受験者はどうか。

センター重視型の国公立大学を志望する者は、センター試験で失敗した段階で、行き場がなくなってしまう。

センター試験に配点の比重をかける大学では、二次試験での逆転の確率は相当低く、無理を承知で、という受験にならざるを得ない。二次試験の得点比率が高い難関国公立大学を受けようにも、センター試験で失敗し、かつ高度な二次試験の準備をしていない状況では、合格の可能性はほぼない。慌てて私立大学に方向転換したとしても、同様に準備不足となる。

この場合、浪人を視野に入れながら、私立大学を数校受け、無理を承知で国公立の二次試験に進み、やはり不合格となるか、合格した私立大学に不本意ながらも進むか、浪人ということになる。

センター試験は一発勝負なので、失敗をすればこれまでの努力は無に帰する。逆に満足できる点数を得て、C以上の評価、AやBが付けば、センター試験重視の国公立大学ならば二次試験でよほどの失敗をしない限りは大丈夫ということになる。

センター試験重視の国公立大学は、二次試験の科目が絞られているケースが多く、前述したように、センター試験終了後、約五週間で対策を立てることが可能だからである。

学力上位層の押し出し

では、難関国公立大学を目指す者たちはどうであろうか。

センター試験を難なく乗り越え、早稲田や慶應の合格通知を集めつつ、最後に二次試験を突破して合格に至るのが理想だが、センター試験でつまずくと、前述の「バンザイシステム」のお世話にならざるを得ない。平均点は異なるが、前年のデータもあるので、それらを参考に出願校を決めることになる。

しかし、センター試験で大きく失敗すると、本当に第一志望を貫いてよいのか、心が揺れる。難関国公立大学では二次試験が重視されるとはいえ、センター試験での大きな失敗は傷となる。よってセンター試験の成績分析表が返却される二週間の間に、高校の教員や親と相談を重ね、出願校の変更をするか否か、短い期間で判断しなければならない。

このように、難関国立大学志望者で、かつセンター試験で不満の残る点数しか取れなかった者は、「バンザイシステム」に入り、自らの点数と希望する地域、学部などを入力し、前年のデータを基により有利に受験できる大学を探すことになる。

もちろん、難関国立大学は二次試験重視、センター試験配点比率が低いのが基本であるため、センター試験失敗の傷は軽度で済むが、二次試験科目と重なる主要教科での失敗があれば、その（程度の）学力で、本当に難度の高い大学の志望を貫いてよいのかと悩むことだろう。

こうして、難関国立大学志望者が、より入りやすい国公立大学に志望を変更したり、難関私立に希望を見出したりするなどして、学力上位層の押し出しが始まる。

東京大学だけでも、不合格者が約六〇〇〇人も存在するのだ。中には浪人する者もいるだろうが、合格した私立大学に入学する者も多い。

よって、私立上位の大学や学部は、国立大学滑り止め受験者の草刈り場となる。この現象は医学部でも同様で、最高峰の国立大学医学部と同等の難度を持つ慶應医学部を除き、上位の私立大学医学部は、国立大学受験者の草刈り場とならざるを得ないのだ（この辺りのことは後述する）。

一般入試で第一志望に合格する難しさ

こうして国公立大学の出願が終わり、前期試験の結果発表、それに続く（前期試験に落ちた者しか受験できない、敗者復活の意味合いが強い）後期試験を経て、受験生の進路が決まる。

自らがどの学力層に位置するか、そして第一志望をどこに置くかで、受験勉強の戦略は異なるが、合理的で正しい道を進めば、良好な結果が得られるだろう。

しかし、志望大学と自らの学力の距離感を適切に認識したうえで、合理的な戦略決定を行うのは、受験生のみでは明らかに難しい。適切な距離感を認識できなければ、「何とかなる、合格するはずだ」という甘い読みになり、不合格後の落胆はすさまじいものになるだろう。また、合理的な戦略決定ができなければ、浪人したとしても成功はおぼつかない。

一般入試は、秋の段階で「この大学は難しすぎてダメだ」と志望校を変更する受験生や、センター試験失敗、二次試験失敗の落選組が、さらに下のランクの大学に収容されていくことで、初めからその下のランクの大学を志望していた者たちが押し出されていく。

慶應の法学部は、私立大学法学部の頂点だが、その入学式には、東京大学に落選し、不本意にも入学を決断せざるを得なかった新入生が少なからず存在する。そして立教大学法学部には、早稲田や慶應の落選組が多数存在する。さらに日本大学法学部には、立教大学と同等レベルの法学部を落選した者が多数存在する。

このように考えると、一般入試で第一志望に合格するのは、なかなか困難なことだ。自らの学力と志望大学の求める学力との距離感に敏感でなければならないことが、わかっていただけただろうか。

ある意味、厳しい部活に入部し、厳しい試合を重ねていくことに似ている。

一般入試は、少数の強烈な成功体験と、多数の（強弱はあれど）敗北感に覆われる世界である。多くの高校生が、消極的な選択として推薦入試に向かうのも、納得できる面がある。

（3）「資質」の問題

勉強ができるとはどういうことか

ここまで述べてきた受験状況を踏まえ、ここからは医学部入試に的を絞って論を展開していくことにしよう。

現在、少子化によって多くの大学は定員の確保に奔走している。さすがに、国公立大学や中堅以上の私立大学で、定員を確保できないレベルで志願者が減少していることはないが、一〇年スパンで見れば、いずれの大学でも減少し、多くの大学が入りやすい状態になる。

しかし前に見たように、医学部だけは別である。特に私立大学医学部のみが、一〇年前、二〇年前よりも入学、合格が困難になっており、例外的な状況にある。

現在医学部を志願する受験生の多くは、浪人を視野に入れざるを得ない。三浪、四浪ですら珍しくない状況だ。そんな医学部入試をめぐる学力競争の実態や、それを潜り抜けてきた合格者像を追うことは、学力を伸ばすという課題の深層に迫る機会を与えてくれる。

ただし、受験学力の伸長について考える時、視点の置き所が問題となる。受験の成果というものは、視点をどこに置くかによって、大きく印象が異なるからである。

例えば、東京大学合格と聞けば、誰もが大きな成果だと考えるだろう。しかし、仮に最難関の理科Ⅲ類を直前に断念し、理科Ⅰ類に回っての合格となれば、周囲の賛辞に比して、本人や親にとっては手放しの喜びとはならない（こういった志望変更の例は少ないだろうが）。

一方、全く勉強していない高校生が一念発起し、数カ月間必死に勉強して偏差値中位の私立大学に合格すれば、その満足度は非常に高くなる。

このように受験生の立ち位置は様々で、中堅私大に合格する学力と東京大学を受けるレベルの学力の違いは大きく、それぞれ別の視座で語られなければならない。

当たり前のことだが、よりレベルの高い大学に入ればいいということではなく、最も大切なことは、成果に対する個々の満足度であり、それに応じた学習指導が存在してしかるべきである。

誰もが東京大学や慶應義塾大学を目指しているわけではなく、受験生個々のスタートラインとゴールはそれぞれである。ゆえに学習指導に携わる者にとっては、このスタートラインとゴールの見極めが非常に重要となる。素晴らしい大学に何名入学したかということよりも、満足度が高く納得できる進学先を得た者がどれほどいたかという指標の方が、学習指導の内容を評価する際にはより尊重されるべきだろう。

そうであるなら、様々な局面における学習指導の前提として、個々の受験生がどのような属性、あるいは学力にまつわる個性を有しているかを十分に理解する必要がある。誰にでも当てはまる普遍的に正しい学習指導など存在せず、個々の属性や個性に合った指導がなされなければ、最大限の成果を得ることはできないからだ。

多浪が多発する医学部受験では、やる気がない、勉強不足という言葉では片づけることのできない状況、つまり相当熱心に勉強に打ち込んできたのに、すべて不合格という結果に陥る受験生が非常に多い。

(自分なりに)真摯に勉強に取り組んだ、勉強ばかりしていた、という独白をする受験生が、一〇以上の私立医学部を受けて、すべて不合格となるのが現在の医学部受験である。やる気の問題もないわけではないが、傍目には懸命に勉強している受験生が、すべて不合格となるならば、その勉強の指針に誤りがあったとしか言いようがない。

特に三浪、四浪と必死に勉強を重ねてダメならば、それは意欲ややる気とは別の要因があると考えるべきだろう。

そして、この要因を考えることは（つまり、なぜ多浪に陥るのかを考えることは）、「勉強ができるとはどういうことか」という深い問いとつながる。

以下では「勉強ができる」という現象を追っていく。

しかしその前に、自らの意志の力では跳ね返すことが難しい、個々の高校生受験生の学力を決定づける前提について確認したい。

家庭環境

「勉強ができる」という現象には、二つの点で受験生本人には抗いがたい前提が存在する。

誰もが一定の努力をすれば公平に競い合うことができる、という思いを受験競争に対して抱く人は多いが、事態はそれほど単純なものではない。

まず着目すべきは、金銭を含めた「家庭の支援」についてである。

筆者の仕事には、高校に出向いて進路・進学に関する講演を行うというものがある。学力上位でない高校で講演を行うと（大学進学者が学年の半分程度の高校も、全国には無数に存在する）、学習習慣という当たり前の前提が、ほとんどの在学生から抜け落ちている現実に直面することが多い。

現在の高校、あるいは私立中高一貫校は、受験者（ほぼ）全員合格というところも少なくない。こうした学校の在学生は、多くのケースで、中間・期末テストの対策程度の勉強に終始し、知識の蓄積を放棄している。

それでも大学に進学する者は少なくないが、それは、二〇世紀には存在しなかった、定員割れの大学が存在するからだ（現在、半分程度の大学が、定員割れの学部・学科を抱えている）。そういう大学に、倍率の低い、あるいは倍率の出ない、ほぼ無試験に等しい推薦入試で進学する高校生は非常に多い。

前世紀に比べて入りやすくなっているのだから、少しでも受験勉強をして、よりましな大学に入ればいいのにと言うことは簡単だ。事実、高校教師の中にも、生徒の妥協的な姿勢に抗うべく奮闘する者もいる。しかし、こういう高校に所属する生徒の多くは、蓄積型の勉強には向かわない。そして、生徒集団に蓄積型学習を拒まれると、唯一の勉強の機会である、中間・期末テストも簡略化の一途をたどる（全員を赤点にするわけにはいかないため）。結局、受験勉強へとつながる学習環境が崩壊してしまうのだ。

もちろんすべての高校生が勉強に対する意欲を持つ必要はないし、そもそもペーパー試験中心の大学入試に対する是非も議論として存在する。

後者に関して言えば、蓄積型の勉強から逃避した者たちを、アクティブラーニングなどの行動型の学習形態に向かわせることも一案だが、指導する側にそれなりの準備が必要だ。各自治体には新しい教育観に基づいた学校もあるが、数は少ない。

結局、勉強から遠ざかる高校生にとっては、勉強は意欲のある者だけがやればいい、という部活動に近いものになってしまう。

これを当然のことと考えるか、憂慮すべき問題と考えるかは、意見が分かれるところだろう。後者の立場を取る時、必ず出現するのは、勉強に関する家庭環境の荒廃を指摘する声である。家庭環境が悪いゆえに勉強しない、という指摘だ。

多くの場合、家庭環境の荒廃は、親の経済環境が要因である。親であるならば教育投資に積極的であるべし、と考えるのは簡単だが、その原資がない家庭が非常に増えている。近年、よく言われる相対的貧困率拡大の問題だ。

相対的貧困率とは、ＯＥＣＤが各国別に発表する統計数値で、全人口の可処分所得の中央値を算出し、その中央値の半分未満の世帯員を、相対的貧困の下にあると位置づけるものである。そもそも先進国では、相対的貧困率が高めに出る傾向が強いが、それでも一九九〇年代半ば以降、日本の子供の相対的貧困率は上昇傾向にある。

相対的貧困下に置かれると、生命の維持には問題ないが、他の子供が当たり前に手に入れているものが手に入らないという事態に見舞われる。実際に、多くの高校の現場に触れると、この相対的貧困率の上昇は、確かなものだという印象を受ける。

そもそも受験競争は、学校外の塾や予備校に費用をかけられる家庭が有利になる傾向が強い。だから、あまり学習支援費用をかけられない家庭では、その成果が保証されていないとすれば（お金をかけさえすれば難関大学に合格できる、ということはない）、それほどお金をかけず、無試験に近い入りやすい大学に入る、あるいは四年制大学への費用負担が過重であれば、実質的に無試験状態の短期大学や専門学校を選択することになる。これはこれでなかなか合理的な判断である。

受験競争の背後には、金銭や文化的蓄積を軸とした家庭環境の問題が存在する。加えて親自身の学習体験や大学受験体験がなければ、その初歩的な心構えやノウハウも存在しない。金銭的な問題だけでなく、合理的なノウハウの入手方法すらわからない家庭では、受験勉強は疎遠なものになるだろう。

ゆえに、大学進学に関する成果をすべて高校生受験生個人の問題に帰するのは、あまりにも酷である。高校生受験生が平等の立場で競争しているという考えは、やはり「神話」と言わざるを得ない。

生まれながらの資質

とはいえ、こういう問題を抱える医学部受験生は、ほとんどいない。現状の成績がどうであれ、国公立であれ、私立であれ、医学部を志す受験生に、親の意識や経済的問題で大学進学が危ぶまれるような境遇にある者はほぼ存在しない（国公立でなければダメだ、という家庭は非常に多いが）。

しかし、だからといって、こういう受験生たちが、純粋な努力の積み重ねのみで競争しているかというと、それにも疑問を抱かざるを得ない。

そこには、経済や環境とは別に、受験勉強という特異な学習形態に高度に適応できるか否かという「適性」と「資質」の問題が横たわっているからである。

これは「頭がいいとはどういうことか」という考察に大きく関わってくる。勉強は努力の所産ととらえられがちだが、一定の努力をすれば誰もが同じ成果を得られるわけではない。そこにはどうしても「生まれながらの資質」がついてまわる。

事実、現代の行動心理学の知見は、この「生まれながらの資質」の領域に探求の足を踏み入れている。主に一卵性双生児、二卵性双生児を介して多角的に「遺伝」について研究する行動心理学者たちは、概ね次のような前提を共有している。

①遺伝の影響はあらゆる側面に見られる。
②共有環境の影響は全くないか、あるいはあっても小さなことが多い。
③非共有環境の影響が大きい。

これは、タークハイマーの行動遺伝学の三法則と言われ、「遺伝」に関する研究を進める研究者たちに広く受け入れられているものだ。

ここでいう共有環境とは、家族間で共有する環境（つまり家庭生活）、非共有環境とは、家族間で共有しない環境（例えば学校）を指す。

教育熱心な親たちは驚愕するかもしれないが、このように「遺伝」研究の世界では、家庭環境の影響力をほとんど検証不能としている。もちろん、この法則の是非は問われてよいが、学習指導の世界に身を置き、生徒と相対すると頷ける点が多い。事実、これらの知見を踏まえたうえで学習指導を進めた方が、学力伸長の効果が高いという実感を、筆者は拭いがたく持っている。

極めて簡略化して言えば、勉強の出来不出来には「生まれながらの資質」の問題がついてまわる、特に得意科目、不得意科目が生じる要因については、明らかに資質の差が大きいように思われる。

前述のように、家庭環境が勉強に向いていなければ、高校生が大学の入学競争から離脱するという問題は存在するが、逆に言えば、親が受験の後押しをし、家庭内で惜しみない支援を与えたとしても、その効果は限定的だということである。

筆者は行動心理学の専門家でもなければ、遺伝学の専門家でもない。しかし、実際に受験勉強の指導にあたっていると、前述の前提（異論はあろうが）には首肯すべき点が多々あるように感じる。

努力すれば、確かにある程度までは勉強はできるようになる。しかし、医学部受験のようなあまりにも倍率の高い入学試験に臨むにあたっては、個々の子供たちの「資質」を考慮し、それを年齢段階、科目別などの観点で見ていく必要がある。

「資質」があれば「楽」できる？

「遺伝」という言葉には、特段の注意が必要であることも言い添えておきたい。「遺伝」というと三つの問題が必ず生じる。

一つは「遺伝」的資質があれば「楽」をできるという誤解である。トップアスリートの親は、やはり元アスリートであることが多いが、だからといってトップアスリートたちが「楽」をしているわけではない。

受験において、環境には回収できない「資質」が鋭く問われるのは、最上位での競争である。中でも、旧帝国大学医学部の合格者総数は、毎年六〇〇名程度で、これはトップアスリート級と言っても過言ではない狭き門だ。この門を潜るためには、受験勉強について高い「資質」を持つ者たちの間の熾烈な競争を勝ち抜く必要がある。

そもそも進学であれ、就職であれ、自らが魅力を感じる場所に赴くためには、「選抜」を避けて通ることはできない。そして「選抜」が高度に機能すればするほど、その「適性」に恵まれた者たちの争いになる。これはスポーツや芸術と同じではないか。

プロのアスリートの世界には、体格に恵まれた方が圧倒的に有利な競技が存在する。体格は遺伝的な「資質」の最たるものである。しかし「資質」や体格に恵まれた者たちが「楽」をできるかというとそうではない。

野球であれ、サッカーであれ、プロの世界にたどりついた後にも、厳しい努力の連鎖が続く。「資質」があれば、それにふさわしい場所でさらなる競争が待っている以上、「楽」などできない。「楽」をして成果を得られるのは初歩的な競争のみで、むしろ（傍から見れば）厳しい環境に身を置けば置くほど、激しいトレーニングを日々行わなければならなくなる。

これは受験の世界でも同じである。

確かに、旧帝国大学医学部を目指す受験生の中には、それほど勉強しなくとも合格圏内に入れるある種の「天才」がわずかながら存在する。しかし、合格圏内で鎬《しのぎ》を削る、その他大多数の受験生は、相当な集中力で日々勉強に取り組まなければならない。

夏の全国高校野球選手権大会、準決勝あたりの風景を思い浮かべればよい。各チームのレギュラー選手たちは熾烈なポジション争いを勝ち抜き、一つ勝つたびに強くなっていく相手にさらに勝ったうえで、その場に立っていることになる。これは日々のトレーニングの賜物であると同時に、そういったトレーニングに適合できる高度な「適性」と「資質」の所産であるとも言える。

早期教育が整備されている絵画やピアノの世界では、さらにこの「生まれながらの資質」が見出されやすい。空間把握や音感について「遺伝」的資質を否定する者は少ないだろう。この「資質」があれば、あとは本人が絵を極めたい、ピアノを極めたいという気持ちが加わることで、より厳しいトレーニング、より厳しい環境へと適応する準備が整う。

旧帝国大学医学部の入学試験では、野球、絵画、ピアノに類するような競争が展開されていると考えるべきだ。「適性」や「資質」に恵まれた者たちの世界に足を踏み入れれば、似たような人間が多数存在し、そこで展開される競争は決して簡単なものではない。当然ながら、ここに「楽」はないと言える。

「遺伝」による「適性」「資質」とは、生まれながらに特定分野の、(傍から見れば)厳しいトレーニングに適応できる才能を指すと考えるのが妥当ではないだろうか。

能力はすべて親で決まる?

二つ目の誤解は、「遺伝」をすべて親の責任に帰する考え方である。

「遺伝」は遺伝子の配列の所産だが、この配列は当人にオリジナルのもので、何代にもわたって受け継がれてきた遺伝子の帰結である。つまり父親や母親の影響が色濃いにしろ、その組み合わせは父母の影響のみで片づけられるものではない。

「遺伝」というと、直ちに父母の直線的な影響を探し出そうとするが、それほど単純なものではないと、遺伝学の専門家たちは一様に述べている。

「遺伝」については、父母の美点探しや粗探しをするのではなく、例えば「どのような先祖の流れをたどってきたか不明瞭だが、現に二つとない遺伝子配列を持って人は生まれる」という程度に考えるのが妥当だろう。

誰の影響というより、人には、遺伝子配列の影響を抜け出すことができない「生まれながらの資質」がある――現在「遺伝」について言えることは、おそらくここまでではないだろうか。

早期教育の効果

また、父母の影響と言えば、早期教育・幼児教育についても考える必要があるだろう。実は行動心理学の世界では、家庭教育を軸とした早期教育・幼児教育の効果の弱さを指摘する声がある。先述した、「共有環境」は「適性」に強い影響を与えないという説に基づくものだ。

何事も幼児の頃から取り組んだ方がよいという考え方はあるが、分野を絞った早期教育を施すことについては、否定的にとらえた方がよいのではないか。ピアニストにしたいと親が願い、子供に特別な早期教育を与えたとしても、その効果は「適性」や「資質」次第ととらえるべきだろう。

スポーツや芸術の分野と比較すると理解しやすいが、厳しい競争を勝ち抜くために「適性」と「努力」のいずれが必要かと考えれば、一見「努力」のように見える。一流のアスリートや芸術家で、努力を怠る者が大きな実績を残すことは難しい。

しかしこれは先ほど述べたように、十分な資質を持った者の世界に足を踏み入れて以降の努力である。そこで強烈な努力が求められるのは自明のことだ。

逆に言えば、競争の厳しい世界ほど、「資質」なき者はその前段階で退場しているはずである。「適性」「資質」とは、前にも述べたように、強烈な努力を継続しうる特性を指すと考えられるからだ。

一方、早期教育、幼児教育の世界は、「資質」によるふるい落としが機能しない。教育熱心な親のつきっきりの指導があれば、どういった分野であれ、ある程度の成果は出やすい。

ピアノの初歩、サッカーの初歩、あるいは小学校・中学校初期段階の学習項目ならば、自ら指導できると感じる親は少なくない。どんな分野でも、初歩的領域は内容が高度でないため、年齢が下がれば下がるほど、親の熱心さが成果に反映しやすい。

しかしこれが、高校段階の高度な競争、高度な学習項目になると通じなくなる。

難しい課題を前にしても萎えない気持ち、持続的に努力を重ねられる精神力、そして厳しい競争を受け入れる意志は、幼児教育や親の指導の成果というより、生まれながらの「資質」に還元するのが妥当と考える子育て経験者は多いのではないか。

将来、東京大学理科Ⅲ類に合格させるために、五歳から英才教育を施す……。ここに成功の予感を持つ者はどれほどいるだろう。

勉強であれ、サッカーであれ、ピアノであれ、早期教育や親の用意した優れた環境が、東京大学理科Ⅲ類合格、日本代表のプロサッカー選手やプロのピアニストの誕生に、大きな効果があるならば、そのノウハウが確立し広く喧伝されているはずである。しかしそういうノウハウを耳にすることは少ない。

むしろ、幼児から思春期前まで、放置していても勉強ができた、ずっとサッカーボールを蹴っていた、何時間でもピアノを弾いていたという例が多いのではないか。こういう「適性」や「資質」を持ったうえで、思春期以降に厳しい課題や指導に接し、ようやく成果にたどりつく、というケースの方が多いのではないだろうか。

親の手によって、人工的にトップアスリートや旧帝国大学医学部合格者を輩出することは、不可能だと思う。

早期教育を行うならば、将来を見据えて一つのことに焦点を絞るのではなく、様々な領域の習い事に触れさせ、どこに「適性」があり、何を苦手とするかを見出す基準程度にとらえるのがよいのではないか。

将来○○にさせたいから、五歳からそれに向けての教育を一心に行うというのは、(そこに「適性」がなければ) 子供に息苦しさ、生き辛さを与えるだけだろう。そして、そういう事例は少なくないはずだ。

「優生学」的視点への接近

「遺伝」をめぐる最後の懸念に移ろう。

それは、ナチスが奉じた「優生学」的視点への接近である。人間のありようが「遺伝」で決まっているならば、出来の悪い (と認定された) 人間は、人為的に淘汰してよいとする悪魔的な価値観に基づく学問が「優生学」である。

しかしこれは、全く妥当性を欠いた反人間的な考えである。「遺伝」的資質は、人間の様々な要素の偏りを示すもので、人間全体の価値を決める基準とはなりえない。障害を持つ者の命を奪ってよいとする考え方は、弱った人間がこの社会でどのように生きていくかという視点を奪い、ひいては高齢者や障害者が生きていくための環境整備を拒絶する発想へとつながっていく。

誰もが老い、中には認知症を患ったり、人生の途上で大きな障害を負ってしまったりする者もいる。弱者の存在は、将来、弱者になるだろう私たちに、あるべき社会とはどういったものかを問いかける。とりわけ医学部を志す者は、基本的な前提として、弱者に寄り添うという価値観を持たなければならない。あまりにも当たり前の前提だが。

頂点の競争を除けば「何とかなる」

「遺伝」について論ずることに後ろ暗さを伴うのは、ともするとこの「優生学」的思想にお墨付きを与える可能性を孕んでいるからだ。しかし「優生学」を断固として否定したうえで、それでも個々の人間には「生まれつきの適性」があると考えることは、とりわけ学習指導においてよい効果を上げるきっかけとなる。

なぜなら受験競争の世界は、東京大学理科Ⅲ類を含む旧帝国大学医学部といった頂点の競争を除けば、「何とかなる」ものだからだ。

ここまで繰り返し述べてきたように、人間には「適性」「資質」の拭いがたい影響がある。だから、そのことを自覚したうえで、それを乗り越えるために、どのような努力や選択が合理的かということを考えるべきなのだ。個々の高校生受験生によって、勉強の進め方が変わる所以である。

これは、「努力をすれば何事も何とかなる」という漠然とした考え方とは異なるので、注意してほしい。この考え方を一掃しなければ、ただひたすらに成果の上がらない勉強を「努力が足りない」という名の下で続けることになる。すると、勉強が苛立ちと苦しさにまみれたトレーニングとなり、果てには逃避を誘発してしまう（こういった例は、医学部入試の世界では非常に多い）。

目標達成に向けて努力をどのように配分するか、ゴールをどこに置くか、これらを冷静に考えることができれば、いかに激戦の医学部入試といえ、いずれかの大学の合格に向けて、最短距離を進むことができるはずだ。

超難関大学合格者の受験体験記では、勉強の方法について様々に語られている。しかし、受験生全体から見れば、それを鵜呑みにしてよい者とそうでない者が明確に存在する。そして残念ながら、後者に属する人間の方が圧倒的に多いのである。

（４）最難関国立大学医学部の受験者たち

「特殊能力」を持つ者たち

長年、学習指導を生業としていると、驚くような受験生・高校生に出会うことがある。これまでで最も驚いたのは、文法や単語の知識を持たない古文の初学者（高校一年生）が、決して簡単ではない古文作品の一節を、すらすらと訳してしまう姿に出くわした時である。

解説文や後の選択肢を頼りに内容を推測しているのではなく、本当に古文作品の一節を読んで、訳すことができてしまうのだ。すでに学校で学んだのかというとそうではない。文法や単語の知識もまるでない。だが読めて、筋を外すことなく理解してしまうのである。

試しに別の古文作品を読ませても同様で、細かい訳出の間違いがないわけではないが、やはりほぼ正確に訳せてしまう。

ならばこの人物の現代文はどうかというと、これが平凡で、小論文を上手く書くような文章力があるわけでもない。英語も凡庸、数学は苦手、ただ古文だけが読めてしまうのである。傍で見ていて前世の因縁か、とも思えるような特殊な才能なのだが、本人は恬淡《てんたん》として、自分が何か特別なことをしているという自覚もない。古典が好きというわけではなく、日本文学科に進みたいとは露ほども思っていない。それでも「読めてしまう」のである。

残念ながら古文は、センター試験国語二〇〇点満点の五〇点分しかなく、文系国立大学二次試験や文系私立大学の個別試験でも国語の一角をなすだけで、配点が高いわけではない。だから受験の成功に大きく寄与することもないが、こういった力は、鮮烈な印象を残す。

筆者は密かにこうした不思議な力を「特殊能力」と呼んでいるが、暗記、数式処理、空間把握などの分野で「特殊能力」を有していれば、受験の世界に非常に適応しやすい。

そして実際にこうした力――「特殊能力」とまでは言わずとも、特定分野に適する「資質」を持つ者は存在する。

他にも、知り合いの携帯電話の番号やメールアドレスを空で次々と言える、といった「特殊能力」を有している者に出会ったこともある。やはり本人は、これのどこが凄いのか、といった風情で恬淡としている。自分が苦もなくできることは、他人も苦もなくできるだろうと人は考えがちだ。どうも世の中の人は自分ほど物覚えがよいわけではない、とうっすら感じつつも、やはりそれが「格別」なものだと自覚する気配はない。当然と言えば当然だが、彼は、中学、高校、大学すべてが超難関校の出身者であった。

空間把握も同様である。中学入試の世界でよく問われる図形問題は、適性の差が如実に現れる分野である。

例えば幼児の「お絵かき」作品を、芸術的なセンスではなく、三次元のものを二次元に落とし込む感覚の有無を基準として見れば、空間や立体の把握に異様に長けている子供がいることは否定できないだろう。

こうした「特殊能力」については、早期教育でそれなりに伸ばすことができるという意見もあろう。現実に、立方体を正確に書くのが苦手な小学生が、その「欠点」を指摘され、立方体の書き方を習い、反復練習すれば書けるようになるだろう。

しかしそれは、かなりのストレスをもたらすトレーニングであり、長続きするのか疑問である。また、首尾よくトレーニングを積んだとしても、そのトレーニングの分だけ時間を消費し、別のことに取り組む時間が失われる。仮に最難関私立中学の受験に向かうならば、それは大きな不利である。

さらに、ただ立方体を書くだけならばよいが、立方体の一部が欠けている、立方体を積み上げる、立方体の中に球がある、といった応用問題に進んだ時に、どういうことが起こるだろうか。

いや、それでもこれはあくまで幼児教育から中学入試までの世界の話に過ぎず、そのレベルであれば、この関門を親子二人三脚のトレーニングで乗り切ることも可能だろう。

しかし高校生になり、受験数学の世界に入った際に、複雑な空間把握の問題を前にして、さらに厳しいトレーニングに進む意欲と、着実にその課題をこなす真摯な態度を持続することができるだろうか。

空間把握が苦手であるがゆえに、そうした分野はおそらく苦手学習分野となっていることだろう。その苦手意識を乗り越えてまで、さらに高度化する大学受験対策に真摯に取り組むことができるだろうか。それができなければ、受験勉強は苦役以外の何物でもなくなるのではないか。

中学入試の現場

こうした「資質」の問題に全面的に直面するのが、中学入試の現場である。都下、関西圏で激しく展開される中学入試、特にその最上位層では、子供の努力、親の支援では乗り越えられない学力の差に直面することが多々ある。

もし塾の効果が相当程度高ければ、早期に中学受験対策塾に入塾させた方がよいだろう。多くの親が、中学受験の本格的対策に動き始めるのが小学四年生の終盤だが、それに先んじて二年生、あるいは三年生から塾に入り（実際にそういうコースがある塾が多い）、早期対策を施すべきだろう。しかし、その効果はいかほどであろうか。

事実、早期に入った塾生によって、最高位のクラスの席が占められるということはない。もしそれが可能ならば、入塾のタイミングは早期化の一途をたどり、二年生、三年生の入塾が過熱するはずだが、そういった気配はない。

最難関クラスに限っては、早期からの塾指導を含めて、親が万全の支援体制を構築したとしても、その効果のほどは限定的である。親子二人三脚で入学試験の対策をしても、五年生周辺の難解なカリキュラムから親の理解や指導が及ばなくなり、やがて子供は収まるところに収まっていく。

私立中学入試対策の終盤戦、そのタイミングでの最上位クラスでの順位付けは、絶えることなく続くテストのラッシュの果てに、受験勉強に対する「適性」がどれほどあったか、といった当たり前の事実を提示しているに過ぎない。

私立中学の合格実績を競うタイプの塾の存在意義は、最高難度の中学の受験問題に適した「資質」を持つ者たちを選抜し、その者たちをテストの連鎖で格付けをしていく仕組み自体にある。クラスの昇降の基準となるテストを、スポーツの試合のように気持ちを込めて受け、そこで好成績を残せるのは、一様にその「資質」を有している者たちである。

また、私立中学入試は、各科目で込み入った問題が出題されるが、それは基本的には大学入試の雛形である。つまり、私立中学入試への高度な適応は、そのまま難関国立大学の入学試験への適応につながる。

よって極めて当然のことだが、競争が厳しい難関中学であればあるほど、接続する高校の大学進学実績が良好となる。あまりにも自明なことではあるが。

合格最低点の比較

これを中学入試の実態と照らし合わせると、さらに鮮明になる。

例えば、その合格最低点を確認するだけでも興味深いことがわかる。

受験の最終着地点、東京大学の合格最低点は、難度最高峰の理科Ⅲ類で六〇%台後半から七〇％程度。年度によって異なるが、最も入りやすい時で五〇％台である。

これにはセンター試験の得点も含まれるので、問題が非常に難しい二次試験だけを取り出せば、合格最低点のパーセンテージはもう少し下がる。この割合は受験者がよい形で分布するので、合否の判断をするのに妥当である。

そして、この合格最低点の割合は、東京大学合格率最高峰の筑波大学附属駒場、開成、灘の中学入試の最低点の割合とほぼ同じなのである。

勉強ができる学生を対象にしながら、それでも四〇％程度の「解けない」問題を共に用意しているわけだ。

一方、首都圏私立中学の最高峰の一つに慶應義塾中等部がある。ここの合格最低点は（公には非公表だが）、八〇％を超えると言われている。

つまりここで問われているのは、比較的与しやすい問題でミスをしない学力であり、難解な問題に戦略的に取り組み、点数を積み上げていく学力ではない。当然のことながら、慶應義塾中等部は難関国立大学入試との接続性を欠いている。

もちろん、この出題コンセプトに問題があるわけではない。慶應義塾中等部は慶應義塾大学進学を前提としており、東京大学の合格者数には関心を示さない。慶應義塾大学進学を前提とするならば、東京大学の入学試験に求められる資質と別の観点で問題を構成するのが自然であり、むしろ私立の雄としての独立性を保持しているとも言える。

一方、筑波大学附属駒場や開成、灘は、中学・高校それぞれに入試があるが、慶應義塾中等部のような合格最低点になる問題を出題しない。それは、スピード感を持って、二〇％以下のミスで解いていくような簡単な問題を、難関国立大学が出題しないことと照応している。

日比谷高校の事例

今一つ例を挙げよう。着目するのは都立日比谷高校である。

ここ数年、都立日比谷高校の東京大学合格者数が、急激に回復基調にある。日比谷高校の躍進は公立復権の象徴として語られることが多いが、一九六〇年代には東大合格者が二〇〇人に迫るような年もあり、かつては東大と言えば日比谷高校であった。

しかし一九七〇年代以降、様々な要因から合格者が激減、一九九〇年代から二〇〇〇年代初頭にかけては一桁台にまで減ってしまった。

当時の都知事がこれを問題視し、公立復権を掲げて行った施策が、日比谷高校などのかつての都立トップ校を「進学指導重点校」と指定することだった。しかるべき教員を配置し、受験対策の講座などを時間割外で展開するなど、その施策は多岐にわたる。

しかし、この試みを成功させるためには、どうしても入試問題のコンセプトチェンジが必要となる。都立高校が全域的に使用する入試問題は、大学入試との接続性を欠くからである。簡単な問題で九〇％の得点を取ることと、難解な問題で六〇％の得点を取ることには、本質的な違いがあるからだ。

当時の都知事が示した目標は、難関国立大学、特に東京大学の合格者数を増やす、ということだった。そこで、指導カリキュラムも入学試験もそれに合わせて変える必要があった。しかし指導体制を整えたはいいが、東大入試に適合したカリキュラムに生徒がついていけなければ、絵に描いた餅となる。

そこで東京都は二〇〇一年、進学指導重点校が独自問題での入試ができるように制度改変を行った。一般の公立高校の入試問題と切り離し、問題の難度を一気に上げたのである。

改変初年度は試験の実態が不明確なため、塾の指導は模様眺めとなるが、過去の問題が一年分でも手に入れば、そこから適性を持つ者を選抜し、難化した問題に対応できる指導を重ねていくことができる。

都立各校の独自入試の合格最低点は、同一入試を実施している時代よりも大きく下がり、特に数学の難度が上がった。合格最低点が高い試験では、ミスをしない受験生を集めることになり、高度な問題への対応についてはわからないままである。ゆえに問題の難度を上げ、中でも数学の問題に工夫を施しているのは、新しい目標に対してよい効果を上げるはずだ。

さらに、二〇〇三年に学区制を廃し、都内の中学生を広く受け入れる体制も整えた。

その結果、日比谷高校の東大合格者増は、独自入試二年目の卒業生（二〇〇五年）から始まり（一桁から一二名合格へと増加）、学区制度廃止二年目の卒業生（二〇〇七年）からは、さらに急激に増えた（二八名合格）。その後、合格者数の上下はあったが、二〇一六年には五三名、二〇一七年には四五名の合格者を出すに至っている。

ちなみに、都立西高校も同じような軌跡をたどり、東大合格者数において躍進を果たしている。

このように難関大学の進学実績を向上させるためには、難解な大学入試問題に対応できる「資質」を持つ者を、難解なテストでふるいにかけ、さらに広く集める、という施策が非常に重要になる。

もちろん都立高校躍進の裏には、経済状況の悪化から多額の学費がかかる私立中学への入学を回避する層が増えたこと、さらに東大合格者に限って言えば、地方の高校の医学部熱の高まりから、何が何でも東大という層が減り、相対的に座席の空きが増えたという要因もあるだろう。

しかし難関大学合格者、とりわけ東大合格者を増やすという都立高校改革は、入ってからどう伸ばすかということと同時に（あるいはそれ以上に）、入学試験の制度改革によって、入学者の学力を向上させたことで「成功」したと考えられる。大学入試に直結した「資質」を持つ者をいかに集めるか――これこそが重要なのである。

京大医学部と東大医学部の現役比率

「資質」の問題を、大学入試にも広げていこう。

次に注目するのは、京都大学医学部と東京大学医学部の志願者・入学者の現役比率である。もし受験において、「資質」と同じくらい努力が重視されるのであれば、一年長く受験勉強に取り組んだ浪人生のアドバンテージは、非常に高いものになるはずだ。

表2－1は、京都大学の各学部の志願者、入学者の現役比率である。年度、学部によって多少の差はあるが、志願者と入学者の現役比率はほぼつりあっている。しかし、これを最難関の医学部医学科と比較してみると興味深いことがわかる。

	志願者	現役	現役率(%)	入学者	現役	現役率(%)
2017年	7,875	4,995	63.40	2,737	1,647	60.20
総合人間学部	470	293	62.30	120	72	60.00
文学部	685	447	65.30	212	126	59.40
教育学部	240	162	67.50	55	42	76.40
法学部	779	471	60.50	311	176	56.60
経済学部	669	457	68.30	221	142	64.30
理学部	794	524	66.00	310	194	62.60
医学部医学科	331	193	**58.30**	111	79	**71.20**
医学部人間健康科学科	307	193	62.90	78	49	62.80
薬学部	221	155	70.10	84	58	69.00
工学部	2,685	1,663	61.90	945	553	58.50
農学部	694	437	63.00	290	156	53.80
2016年	8,029	5,187	64.60	2,817	1,656	58.80
総合人間学部	518	319	61.60	119	61	51.30
文学部	614	435	70.80	216	145	67.10
教育学部	183	134	73.20	57	40	70.20
法学部	821	520	63.30	312	191	61.20
経済学部	610	431	70.70	215	145	67.40
理学部	845	558	66.00	310	176	56.80
医学部医学科	330	191	**57.90**	111	68	**61.30**
医学部人間健康科学科	291	187	64.30	142	94	66.20
薬学部	218	145	66.50	84	58	69.00
工学部	2,732	1,731	63.40	941	532	56.50
農学部	867	536	61.80	310	146	47.10
2015年	8,041	5,163	64.20	2,897	1,804	62.30
総合人間学部	412	285	69.20	124	83	66.90
文学部	617	421	68.20	223	141	63.20
教育学部	195	137	70.30	62	41	66.10
法学部	746	463	62.10	330	205	62.10
経済学部	649	416	64.10	240	156	65.00
理学部	861	599	69.60	318	217	68.20
医学部医学科	328	190	**57.90**	111	80	**72.10**
医学部人間健康科学科	349	203	58.20	147	94	63.90
薬学部	201	135	67.20	83	55	66.30
工学部	2,760	1,728	62.60	946	569	60.10
農学部	923	586	63.50	313	163	52.10

表2-1　京都大学各学部における志願者・入学者の現役率（2015～17年）

出典：京都大学発表データから算出

	志願者	現役	現役率(%)	入学者	現役	現役率(%)
2017年	9,534	6,137	64.40	3,012	2,006	66.60
文科Ⅰ類	1,310	838	64.00	402	274	68.20
文科Ⅱ類	1,125	765	68.00	362	258	71.30
文科Ⅲ類	1,564	1,040	66.50	475	309	65.10
理科Ⅰ類	2,901	2,051	70.70	1,126	775	68.80
理科Ⅱ類	2,107	1,257	59.70	549	314	57.20
理科Ⅲ類	527	186	**35.30**	98	76	**77.60**
2016年	9,278	5,970	64.30	3,031	1,973	65.10
文科Ⅰ類	1,206	780	64.70	401	300	74.80
文科Ⅱ類	1,050	706	67.20	360	250	69.40
文科Ⅲ類	1,652	1,073	65.00	487	316	64.90
理科Ⅰ類	2,947	2,025	68.70	1,135	733	64.60
理科Ⅱ類	1,877	1,167	62.20	550	294	53.50
理科Ⅲ類	546	219	**40.10**	98	80	**81.60**
2015年	9,444	6,157	65.20	3,008	2,007	66.70
文科Ⅰ類	1,309	806	61.60	401	279	69.60
文科Ⅱ類	1,097	758	69.10	353	230	65.20
文科Ⅲ類	1,408	984	69.90	479	318	66.40
理科Ⅰ類	3,049	2,064	67.70	1,128	759	67.30
理科Ⅱ類	2,100	1,372	65.30	547	352	64.40
理科Ⅲ類	481	173	**36.00**	100	69	**69.00**

表２-２　東京大学各学部における志願者・入学者の現役率（2015〜17年）
出典：東京大学発表データから算出

仮に「努力」の効果が「資質」を上回るならば、京都大学の中でも最難関の医学部医学科の入学試験において、一年長く「努力」した浪人生の占める割合が現役と並ぶか、浪人生優勢となるはずだ。しかし、どの年度もかなり現役優勢となっており、他の学部とは一線を画している。

では、同じ観点から東京大学の現役比率を見てみよう（表２-２）。

やはり主に医学部と接続される理科Ⅲ類で、顕著な現役優勢の傾向が見てとれる。それ以外では、文系最難関の文科Ⅰ類においても現役比率が高い。

目を引くのが、理科Ⅲ類の志願者の約六〇％が浪人生である点だ。志願者が浪人優勢となる非常に珍しい状況である。しかし入学者の比率は、現役生が圧倒している。一年長く勉強したアドバンテージは、有効性を失っていると言わざるを得ない。特に二〇一六年の入学者の現役占有率は八〇％超であり、必死の思いで勉強してきた浪人生にとっては、凄惨な結果となってしまった。

最難関の理科Ⅲ類だけに、ひやかし受験が多いのではという穿った見方もできるが、志願者全体の平均点は他の類との比較でも高止まりしており、ひやかし受験の影は感じられない。

ちなみに現役・浪人別の倍率に換算すると、二〇一六年の東大理科Ⅲ類は、現役生の倍率は約二・七倍程度である一方、浪人生の倍率は一八倍にまで上がってしまう。やはり、時間のアドバンテージは非常に希薄と言わざるを得ない。

国公立医学部の現役比率

難関であるほど現役合格率が高まるというのは奇妙な気もするが、次に国立大学医学部全体に視野を広げてみよう。

全国には五一の国公立医学部が存在するが、その中で合格者の現役・浪人比率を公表している大学は三二校である（表２‐３）。これを見ると、地方の大学ほど浪人比率が高くなっていることがわかる。逆に首都圏、関西圏では、現役優勢の大学医学部が多いのが特徴的だ。表２‐３には、各大学の合格者出身高校トップ５も載せているので、こちらを概観してみよう。すると、現役合格者比率が高いという現象は、首都圏、関西圏の国・私立中高一貫校在籍者の受験校として「選ばれた」大学に起こりうるものであることがわかる。

小学校高学年から勉強に邁進し、難度の高い問題に適応し、中学受験者対象の模擬試験で好成績を上げる……ここまでくれば、大学受験への適応について心配する必要はない。

第一志望の中学に受かったり落ちたり、あるいは志望校を上げたり下げたりと様々だろうが、小学生の段階で難度の高い問題を前にしてひるまないならば、「資質」としては十分である。おそらく暗記への適応力があり、数理的な認識力を有し、文章読解力も悪くないだろう。そういった「力」が備わっているはずである。

その中には、必死に勉強に取り組むことなく、信じられないような高度な学力を保持する者も少なからず存在するだろう。そういう生徒にとって、学校の学習支援はあってもなくても同じことである。国・私立中学最上位校が、押しなべて伸び伸びとした校風を誇るのは、

3位		4位		5位	
私	**開成**	私	**桜蔭**	私	**東海**
私	**洛南**	私	**東海**	私	**大阪星光学院**　※4～5位同数。
私	**東海**		※3校同数		
国	**筑波大附**	私	**桜蔭**　※2～4位同数。		※2校同数。
国	**東京学芸大附**	公	熊谷		※4校同数。
私	**甲陽学院**	私	**大阪星光学院**	私	**洛南**
私	**聖光学院**		※6校同数。		
公	今治西	公	松山西中教	国	**広大附福山**
公	水戸第一	公	宇都宮　※2～4位同数。	公	能代
私	**ノートルダム清心**	国	**広大附福山**		※2校同数。
私	**洛南**	私	**四天王寺**	私	**灘**　※4～5位同数。
公	札幌北	公	札幌西		※6校同数。
私	**東大寺学園**	私	**大阪星光学院**	私	**甲陽学院**　※4～5位同数。
公	宇都宮	公	長岡	公	直江津中教
公	日比谷	私	**開成**	私	**東海**　※3～5位同数。
私	**海城**　※2～3位同数。		※7校同数。		※10校同数。
私	**北嶺**		※19校同数。		
公	天王寺	私	**甲陽学院**	私	**東大寺学園**　※2～5位同数。
公	城東	私	**白陵**		※3校同数。
公	出雲	公	岡山朝日	私	**岡山白陵**　※3～5位同数。
公	岡山朝日	公	天王寺	公	高松　※4～5位同数。
公	吉田	私	**山梨学院**	私	**巣鴨**
公	修猷館	公	小倉	私	**青雲**
私	**四天王寺**	公	彦根東	私	**高槻**
公	磐城	公	宇都宮		※2校同数。
私	**沖縄尚学**	公	球陽		※6校同数。
公	都城泉ヶ丘	公	宮崎大宮	私	**宮崎第一**
私	**青雲**	公	済々黌	私	**真和**
私	**海城**	公	高岡	私	**片山学園**
公	桐蔭	私	**大阪星光学院**	私	**四天王寺**
私	**久留米大附設**	公	小倉		※4校同数。
私	**岩田**	私	**ラ・サール**		※2校同数。

大学名	国・公立	現役	浪人	合格者計	現役比率	1位		2位	
東京大学	国立	80	18	98	81.6%	私	**灘**	国	**筑波大附**
京都大学	国立	68	34	102	66.7%	私	**灘**	私	**東大寺学園**
浜松医科大学	国立	69	46	115	60.0%	公	浜松北	公	磐田南
千葉大学	国立	64	55	119	53.8%	私	**開成**	私	**渋谷幕張**
群馬大学	国立	58	51	109	53.2%	公	前橋	公	高崎
大阪大学	国立	54	48	102	52.9%	私	**灘**	私	**洛南**
横浜市立大学	公立	48	44	92	52.2%	私	**栄光学園**	国	**東京学芸大附**
愛媛大学	国立	55	54	109	50.5%	私	**愛光**	公	松山東
秋田大学	国立	63	64	127	49.6%	公	秋田	公	横手
広島大学	国立	46	51	97	47.4%	私	**広島学院**	国	**広大附**
奈良県立医科大学	公立	53	60	113	46.9%	私	**東大寺学園**	私	**帝塚山**
北海道大学	国立	47	54	101	46.5%	公	札幌南	私	**北嶺**
京都府立医科大学	公立	49	58	107	45.8%	私	**洛南**	私	**洛星**
新潟大学	国立	54	68	122	44.3%	公	新潟	私	**新潟明訓**
信州大学	国立	52	68	120	43.3%	公	松本深志	公	長野
東北大学	国立	59	78	137	43.1%	公	仙台第二	公	秋田
札幌医科大学	公立	47	63	110	42.7%	公	札幌北	公	札幌南
大阪市立大学	公立	40	55	95	42.1%	私	**四天王寺**	公	北野
徳島大学	国立	46	68	114	40.4%	私	**徳島文理**	公	徳島市立
鳥取大学	国立	42	63	105	40.0%	公	鳥取西	公	米子東
岡山大学	国立	46	69	115	40.0%	私	**岡山白陵**	国	**広大附福山**
山梨大学	国立	56	85	141	39.7%	公	甲府南	私	**駿台甲府**
九州大学	国立	45	69	114	39.5%	私	**久留米大附設**	私	**ラ・サール**
滋賀医科大学	国立	39	61	100	39.0%	公	膳所	私	**洛星**
福島県立医科大学	公立	47	83	130	36.2%	公	福島	公	安積
琉球大学	国立	41	74	115	35.7%	私	**昭和薬大附**	公	開邦
宮崎大学	国立	37	73	110	33.6%	公	宮崎西	公	延岡
熊本大学	国立	38	79	117	32.5%	公	熊本	私	**久留米大附設**
富山大学	国立	31	74	105	29.5%	公	富山中部	私	**東海**
和歌山県立医科大学	公立	25	75	100	25.0%	私	**智辯和歌山**	私	**清風南海**
長崎大学	国立	29	89	118	24.6%	私	**青雲**	公	長崎西
大分大学	国立	10	58	68	14.7%	公	大分上野丘	私	**大分東明**

表2-3　国公立医学部合格者の現役比率（公表している32校のみ）と、合格者出身高校トップ5（2016年）

合格者出身高校の出典：「サンデー毎日」2016.5.1号

当然のことだ。

この項の最後に、卒業生徒数に対する東大合格者比率が最も高い、筑波大学附属駒場高校の大学合格者数・進学者数を挙げておこう。

表2－4からわかるのは、東大でも最も合格しやすい文科Ⅲ類はそもそも受けない、私立は受けない、受けたとしても行かない、ということである。ほとんど異能の集団と言ってもよいのではないか。


ここまで、難関国立大学医学部の受験状況を「資質」という点から見てきた。なぜ「資質」にこだわったのかと言えば、高度な「資質」が存在するならば、逆に大きく「資質」を欠く事態も想定できるということを示唆したかったからである。

次に、私立大学医学部に視点を移して受験状況を概観していく。そこで展開される競争は、難関国立大学とは様相の異なるあまりにも激しすぎる競争で、浪人、中でも三浪、四浪と年を重ねる受験生の実態に触れざるを得ない。

なぜ東大理科Ⅲ類に合格する受験生が存在するのかということと、なぜ必死に勉強を重ねても私立医学部合格に至ることができない受験生が存在するのかということは、まさに表裏

大学	学部	前期			後期			合計	進学者数		
		現役	再受験	小計	現役	再受験	小計		現役	再受験	合計
東京大学	文I	17	4	102				102	17	4	101
	文II	1	3						1	3	
	文III	1	3						1	3	
	理I	42	7						41	7	
	理II	8	9						8	9	
	理III	5	2						5	2	
東京医科歯科大学	医	6		6				6	4		4
東京工業大学	工・1類	2		3			1	4	2		4
	工・3類	1							1		
	工・7類					1				1	
東京農工大学	農・応用生物				1						
京都大学	文	1		3				3	1		3
	工	1							1		
	総合人間	1							1		
筑波大学	情報					1	1	1		1	1
一橋大学	法					1	3	3		1	3
	経済					2				2	
千葉大学	医	3		3	2		2	5	2		2
山梨大学	医					1	1	1			
大阪大学	文	1		2				2	1		2
	基礎工	1							1		
横浜国立大学	都市科学					1	1	1		1	1
信州大学	人文	1		1				1	1		1
福島県立医科大学	医		1	1				1		1	1
横浜市立大学	医	1		1				1	1		1
合計		93	29	122	3	7	9	131	89	35	124

表2-4　筑波大学附属駒場高校の国公立大学　合格者数・進学者数（2017年）

出典：筑波大学附属駒場高校HP

大学	学部	合格者数			進学者数		
		現役	再受験	合計	現役	再受験	合計
早稲田大学	政治経済	14	13	87		1	6
	法	3	4				
	商	2	6		1		
	文	1	3				
	教育		1				
	基幹理工	5	3			1	
	創造理工	4	6		3		
	先進理工	9	5				
	社会科学		3				
	人間科学		2				
	スポーツ科学	1	1				
	国際教養	1					
慶應義塾大学	経済	9	10	80	2	2	18
	文	1					
	法	1	2				
	商	2	4		1		
	医	8	1		7		
	理工	18	18		1	5	
	総合政策	2					
	環境情報	1					
	薬	3					
明治大学	理工		2	6			1
	情報コミュニケーション	1			1		
	法		1				
	総合数理		1				
	政治経済		1				
上智大学	理工	2		3			
	法・国際関係法		1				
東京理科大学	経営		1	7			
	理	2					
	工		1				
	理工		3				
中央大学	経済		1	5		1	2
	法	1	3			1	
青山学院大学	国際政治経済		1	1		1	1
成蹊大学	法		1	1			
立教大学	経済		1	1			
ICU	教養		1	1			
国際医療福祉大学	医		2	2			
東京慈恵会医科大学	医	6	3	9	1	2	3
東邦大学	医		1	1			
杏林大学	医		1	1			
北里大学	医		2	2		1	1
順天堂大学	医		2	2		1	1
東海大学	医		1	1		1	1
聖マリアンナ医科大学	医		1	1			
日本医科大学	医	1	2	3		1	1
昭和大学	医	1	1	2			
防衛医科大学校	医		2	2			
合計		99	119	218	17	18	35

同私立大学　合格者数・進学者数

の問題である。

（5）浪人生の闘い

医学部受験生の三つの層

超難関国・私立中学の出身者のすべてが、東大や京大など難関国立大学に入学するわけではない。少数ながら私立大学に進学する者も存在する。難関国立大学進学者の濃度が、中学入試の難度に応じて高くなっていき、国・私立中学入試の偏差値は、ほぼその進学実績に比例する。

しかし、こうした国・私立中学・高校優勢の状況は、首都圏、関西圏の難関国立大学に限られ、基本的に多くの地域では、公立高校が優勢である。

首都圏、関西圏の受験生に指名されにくい九州大学医学部、東北大学医学部などは、合格者輩出高校ランキングで公立高校が優勢だ。公立優勢の国立大学医学部入試では、同時に浪人生優勢になる傾向も強い。さらに言えば、大きな傾向として、相対的に入りやすい国立大学医学部ほど、浪人比率が高まっていく。

国立大学医学部は確かに難関だが、浪人優勢の大学であれば、努力の介在する余地が大きくなると考えてよい。時間のアドバンテージが効くということは、時間と努力によって合格に至る可能性が高まることを示唆している。

では、私立大学医学部はどうだろうか。

国立大学医学部にはセンター試験という一次予選が立ちはだかる。五教科七科目で、医学部を目指すにはどんなに低くても八五％程度の得点が必要なので、学力向上を果たせず、センター試験で失敗、あるいは科目数の多さから国立大学医学部受験を断念した者が、私立大学医学部に集うことになる。

ただし、伝統上位校と、学費の低減政策を行っている私立大学医学部には、国立大学医学部でも勝負できる層が参入してくる。

首都圏の伝統校としては慶應、慈恵会、日本医科の三校、学費低減政策を行っている大学としては、順天堂（旧設伝統校でもある）や、新設の国際医療福祉大学などが挙げられる。

最も学費の高い私立大学と比較して、順天堂大学は半分以下の学費に抑えられており（表2-5）、それによって偏差値が上がり、国立大学医学部の滑り止め校として指名されるまでになっている。

そもそも国立大学医学部を目指す者の多くは、学費の問題から私立大学医学部を視野に入れることはない。すなわち、医学部受験の競争には、三つの層があると考えられる。

一つは、東京大学理科Ⅲ類や京都大学などの、旧帝国大学医学部レベルの最難関校を争う第一の層、もう一つは、地元の大学がよいが国立大学ならば基本的にどこでもＯＫという第二の層、さらに私立大学医学部を基本として受ける第三の層である。

しかし受験は、常に現実との格闘という側面があり、第一の層を目指しながら、受験勉強の途上で、あるいはセンター試験後、第二の層に降りてくる受験生が多数存在する。この方針転換は合格率を高め、第二の層の合格者はもともと第一の層に属する者で占められることになる。

第二の層の受験生は、こういう玉突きの状況にさらされるので、どこでもいいから国立医学部という意識で受験勉強をしていると、浪人を強いられる可能性が高くなってしまう。

以上のメカニズムの下、国立大学医学部のみを狙う浪人が、毎年多発することになる。

こういう浪人生は、その多くは概ね二浪程度まで粘り、それでもダメならば、他学部受験にまわる。残りの少数は三浪、四浪と浪人を重ねていく。

国立でなければダメだという受験生は、家族よりも本人の強い意向が働いている場合が多

順位	大学名	学費　（円）
1	国際医療福祉大学	18,500,000
2	順天堂大学	20,800,000
3	慶應義塾大学	21,759,600
4	日本医科大学	22,000,000
5	東京慈恵会医科大学	22,500,000
6	昭和大学	23,092,000
7	東邦大学	25,800,000
8	関西医科大学	27,700,000
9	藤田保健衛生大学	29,800,000
10	東京医科大学	29,833,700
11	産業医科大学	30,697,800
12	大阪医科大学	32,075,000
13	日本大学	33,380,000
14	東京女子医科大学	33,416,000
15	東北医科薬科大学	34,000,000
15	岩手医科大学	34,000,000
17	愛知医科大学	34,200,000
18	聖マリアンナ医科大学	34,732,000
19	東海大学	35,306,200
20	近畿大学	35,827,000
21	久留米大学	36,378,000
22	獨協医科大学	37,300,000
23	帝京大学	37,496,000
24	杏林大学	37,550,700
25	兵庫医科大学	37,600,000
26	福岡大学	37,738,260
27	埼玉医科大学	39,170,000
28	北里大学	39,528,000
29	金沢医科大学	40,543,000
30	川崎医科大学	45,500,000

表2-5　私立医学部の学費（低い順、2017年）

出典：各大学発表

い。その意向に、家族が説き伏せられているという構図の下にある。親が医師である割合は低く、本人の強い意向で国立大学医学部を狙っているだけなので、二浪でダメなら競争から降りる気持ちが高まり、医学部以外の国立、あるいは私立大学理系学部に入学して受験を終えることになる。

学費という障壁

では、第一の層と第二の層から、第三の層、すなわち私立医学部に降りてくる者は、どれほどいるのだろう。

私立医学部最難関校、慶應義塾大学医学部については、私立の中でも学費が低額で、それゆえ第一の層の滑り止めとして機能し、実際、最難関国立大学に惜しくも落選した最優秀層（差は本当に紙一重）が進学者の多くを占める。

慶應義塾大学医学部は別格として、学費の違いが断層を作り、国立医学部一本という受験生、特に第二の層に属する受験生は、練習代わりに私立医学部を受けても、実際の進学先としては想定していないケースが多い。

これは以下の理由による。

学費一覧表（表2‐5）を参照すればわかるように、私立医学部は、比較的旧設の伝統校の学費が安く、一九七〇年代に設立された新設校は、学費が高いところが多い。

一般的に大学の序列は、国立が上、私立が下と認識されているが、私立医学部について言えば、慶應はもとより、慈恵会、日本医科などの旧設の大学や、学費の安い順天堂などは、非常に難度が高いため、必ずしも滑り止めにならない。かといって、相対的に偏差値の低い私立医学部を目指そうにも学費が高く、出願から入学に至る道のりに厚い障壁が存在する。

こういう構造があるため、国立志望者は国立一本、私立志望者は初めから私立一本という構図ができあがる。

とはいえ、国立医学部を十分狙うことができる学力を持ちながら、滑り止めの私立医学部に入学する受験生もわずかながら存在する。こういう受験生は親が医師である確率が非常に高い。特に首都圏では、自宅から通える国立医学部が受験者人口に比して非常に少なく、地方の国立医学部か首都圏の私立医学部か、という選択を迫られる場合が多い。

しかし先に挙げたように、多くの受験生にとって、私立医学部に参入する障壁は非常に厚い。この選択が成り立つのは、高い学費でも構わないので自宅から通える大学を優先するという価値観を有した家庭に限られる。それは多くの場合、親が医師の家庭ということになる。

実際、私立医学部の数少ない現役合格者は、難関中高一貫校の国立医学部断念組、あるいは落選組で、そもそも初めから私立医学部一本という受験生はほぼ存在しない。

これは同時に、私立医学部一本に絞った受験生の中で、現役合格する者は非常にまれということを意味する。合格通知は、常に一ランク上の学力の者に独占されるものだが、倍率が異常に高い医学部入試は、この傾向が非常に強く出る。

首都圏在住で、東京大学理科Ⅲ類や東京医科歯科大学、横浜市立大学、千葉大学を目指すような高学力の者や、地方の国立医学部ならば十分に合格圏内という者が、私立医学部の入学試験に向かえば、合格の可能性は非常に高い。事実、私立医学部現役合格組は、こういう属性の者に著しく偏っている。

一点の重み

いかに倍率の高い医学部と言っても、誰かは合格する。しかしその属性は、ほぼ固定化されている。難関国立医学部の座席は、最高峰の国・私立中高一貫校出身の俊英、あるいは都道府県を代表する秀才たちによって、その他の国立医学部の座席は、それに準ずる学力を有した者たちによって占められる。そして残りの座席を、浪人という時間のアドバンテージによって、高学力者たちの岩盤のような壁を掘り崩そうとする者たちが競っているのである。

一方、上位私立医学部は、そもそも国立医学部をかつて志望した、あるいは受験したという都市部の高学力者たちによって座席が占められ、その他多くの一般的な私立医学部は、私立でよい、医大であればどこでもよいという者たちによって、激しい競争が繰り広げられている。

特に私立医学部志望の受験生は、第一章で触れたように、医療法人の跡継ぎで、親や親族の期待を背負っている場合が多く、合格するまで降りることのできない修羅の道を行くことになる。

その多くは、二浪までに何とか合格するが、三浪、四浪、五浪にまで進むケースも少なくない。実際、二〇一四年における私立医学部の三浪以上の合格者は二〇%弱、対して国公立医学部では一〇%強である。

【二〇一四年の国公立医学部　現役・浪人比率】
現役　四五・三%　一浪　三四%　二浪　一〇%　三浪以上　一一%
【二〇一四年の私立医学部　現役・浪人比率】

現役　二八・六％　一浪　三二・八％　二浪　一九・五％　三浪以上　一九・一％
（学校基本調査から算出）

三浪、四浪比率の高い私立医学部の入学試験は、相当な激戦区になっている。国立医学部の滑り止め組の参入に加え、ここ数年で志願者が激増したため、一点の違いが重くのしかかってくる。浪人生の戦いがより激しくなるのが、私立医学部なのである。

具体的に、その激戦の様子を見てみよう。

国立医学部は、センター試験を課すがゆえに、満点となる点数が高い。

例えば国立の広島大学医学部は、センター試験九〇〇点、二次試験一八〇〇点の設定になっている。満点は合計で二七〇〇点。二〇一六年二月に実施された試験の受験者は五二八人、合格者は九七人である。二七〇〇点に五二八人が散るので、合否の判定は点数により明確になる。

二次試験では面接も課されるが点数化はされず、医学部志望者として常識的な受け答えができれば、合格圏内にいながら不合格者にまわされることはまずない。面接の際に反人間的な発言をしたり、大学の教育指針に反することを述べたり、何も答えられず固まったりすれば話は別だが、そういう受験生は一〇年に一人いるかいないかといったところだろう。つまり、点数こそが重要になる。

しかし私立大学は、決定的に満点の設定が低い。そもそも科目が少ないことに起因するが、受験者が何千人もいながら、満点が三〇〇〜五〇〇点に設定されるので、合格最低点周辺は大変な密集状況になる。

藤田保健衛生大学の例

これを私立大学、藤田保健衛生大学の一般入試を例に示してみよう。

二〇一五年の藤田保健衛生大学医学部入試前期の募集定員は六〇人、実際に試験会場に現れた受験生は一二九一人、合格を許された者は二〇八人である。定員は六〇人だが、最上位の受験生は、他の上位大学の医学部に流れることが多く、補欠合格を出さなければならない。それを含めての合格者二〇八人である。

そもそも医学部は、定員に対して一人の誤差も出すことがないよう、一人一人執拗に繰り上げ合格を行っていく。それは、医学部は学生に対する教員比率が格段に高く、教育設備の予算も莫大で、多額の費用が投入されていることに起因する。ゆえに定員管理は厳密に行われる（医師養成は国策とも言える）。

二〇一五年の藤田保健衛生大学医学部の受験者数は一三七六人、前述したように、実際に試験会場にやってきた受験生は一二九一人、この中の上位二〇八人までに合格通知が届いたことになる。実質倍率は約六倍で、私立医学部の中では比較的穏やかな倍率である。

私立医学部の合格の知らせは、まず定員に近い数の正規合格者を発表し、その後、補欠合格者によって、上位大学に抜けた合格者の穴を埋めていく（三月末まで、まれに四月初旬まで、一人ずつ電話で入学の意志確認をすることも通例である）。

藤田保健衛生大学の正規合格者は一二〇人、その後、繰り上げ合格になった数は八八人である。定員は六〇人なので、次々と正規合格者が、より上位の国公立医学部、あるいは私立医学部に抜けていったことがわかる。正規合格者はほぼ抜け、実際の入学者は、ほぼ補欠合格者によって占められていることが推測できる。

そして注目すべきは、正規合格者と補欠合格者の合格最低点である。

正規合格者の最低点が三六五点、補欠で合格となった最終ラインは三六三点である。その差はなんと二点、補欠繰り上がり者が八八人いるので、二点に八八人がひしめき合っていたことになる。

受験生が一二九一人の藤田保健衛生大学医学部でこの数字なら、受験者が三〇〇〇人を超える私立医学部では、その二倍の受験生が二点の間にひしめいていても不思議ではない。

多くの私立医学部は小論文、面接を得点化していないが、藤田保健衛生大学では、八八人（とその前後の点数の受験生）に順位をつけるために、結局、序列化せざるを得ない。

藤田保健衛生大学の一次試験合格者数は三八一人（一次の学科試験をクリアし、二次試験の面接に呼ばれた受験生の数）になる。ここから正規合格者一二〇人を除いた数は二六一人。おそらくこの二六一人は六点の間に収まるだろう。小論文と面接は、この二六一人の中から誰を八八人として残すかという順位付けの参考に使われていると考えられる（藤田保健衛生大学は、順位をつけて補欠合格者を発表しているので、受験生が個々に実際に合格可能な位置にいるかどうか、過去のデータから推測できる）。

つまり、一次試験を通ったとしても、次に面接という難関が待ち構えているのである。正規で通るほどの学力があれば別だが（それでも面接で失敗すれば、正規から補欠後方に下げられる）、やっと一次を通った後に、面接という人物評価の洗礼を受けることになる。

医学部受験のために一年の準備期間があるとして、その間に、医師の適性を持つ人間としてのプレゼンテーション能力を身につけておかなくてはならない。常にそれを意識して生活しているかが問われるのが面接試験である。こういう痺れるような状況は、先述の広島大学医学部の入学試験ではほぼ訪れないと言ってよい。

小論文、面接も、一点の間にひしめく数十人の選抜のために審査され、それで合否が揺らぐのである。合格最低点前後五点、つまり一〇点の間で、少なくとも三〇〇人以上がひしめき合っているのが、私立医学部のごく一般的な入試の姿なのだ。

富裕層ではあるが優雅な闘いではない

先に述べたように医学部受験では、一浪、二浪は当たり前どころか、三浪以上の受験生も相当数存在している。多くの人は、なぜそこまでして医学部に、と思うだろう。

近年の高校生受験生は、非常に優しい性格をしている者が多い。周囲の期待に応えたいと心の底から思っているため、三浪にまで至ればそこから降りることがなおさら難しくなる。親や親族は、来年ダメならば好きなように、などと言うが、当の本人は、他の学部へ進学するよりも、さらに浪人を重ねるケースが多い。親や親族も、それを気の毒に思いながらも、彼・彼女が医師を志す意欲に安堵し、支援を惜しまない。

一九九〇年代以降、爆発的に増えた開業医の息子、娘、あるいは医師ファミリーの中で育った受験生も少なくない。こういう家庭に育てば、医師以外の人生の選択肢に考えが及ばず、方針を変更しようにもできない。

仮に転身するとしたら、近年極めて入学難度の下がった歯学部が有力だが、そこはすでに供給過剰の競争的世界であり、加えて歯科医師以外の医師を抱える医療法人を院長として担うことも難しい。

少子化の時代であるがゆえに、親や親族の期待は、少ない子供にかかる。こうした極めて強いプレッシャーの下で、浪人生活を送っている者が、私立医学部の浪人組である。

医学部の世界に縁のない一般の人々は、私立医学部の志望者は「お金持ちのお坊ちゃん、お嬢ちゃん」だと考える傾向が強い。確かに彼・彼女らは、富裕層の子供たちだ。しかし、一昔前の受験の世界とは大きく異なり、甘えた考えを持ち続けていたら何年も浪人し、出口の見えない人生を送ることになる。むしろ厳しい勉強を重ねながら、それでも浪人という現実に直面している受験生の方が圧倒的に多い。

もちろん「医学部なんて目指さない」と親や親族に宣言する強い気持ちを持つ子供もいる。本当は嫌だが親のために医学部を目指している、という受験生は、早い段階で医学部受験の世界から退場し、自分の世界を見出していく。嫌々であっても、年を重ねて勉強すればいずれ合格できるという甘い見通しは成立しえない。そもそも嫌々ながら勉強しても、成績など上がるはずもない。

逆に言えば、浪人が当然で、三浪、四浪すら珍しくない厳しい受験の世界に身を置く者たちは、その大半が、医学部入学を熱望し、（自分なりに）熱心に勉強を重ねる努力家たちだ。地方出身ならば、県下のトップ校、都市部出身ならば、私立中高一貫校の在籍者たちであり、中学入試、高校入試ではそれなりの結果を残した者ばかりである。

東大に数十人規模の入学者を送る高校ならばそうでもないが、文系・理系を合わせて東大数名、京大数名、国立大学数十名といった進学実績の「一般的な進学校」で、成績がふるわない、中位周辺となれば、私立医学部入試においても浪人の可能性は決定的だ。

おそらくは一般の想像と異なり、その扉を開けようとする者は真摯な努力家だ。しかし真摯な努力家が跳ね返されるのが、今の医学部入試、特に私立医学部の入試状況である。

データを発表している私立医学部の中で、合格者のうち、三浪以上が占める割合は、東海大学で三〇％、久留米大学で四〇％である（共に二〇一五年度入試）。そこにあるのは、富裕層の優雅な闘いではなく、親族の期待を一身に背負った、自尊心をかけた闘いであると言ってよい。

受験競争の是非論はさておき、この闘いの渦中に身を置くと、学力とは一体どういうものか、その姿を極めて明確に体感することができる。

次章では、真摯に勉強しながらなぜ多浪する者が続出するのか、軽々と壁を越える者と、何年もかけて越える者の違いはどこにあるのか、主に私立医学部浪人たちの学習状況を参考に、その学力形成の軌跡をたどりながら詳述していく。

第3章　学力と向き合う

(1) 科目適性という視点

数学に対する苦手意識

激戦の医学部入試は、三浪以上の浪人をする受験生が、他学部では見られないほど高い割合で存在する。この中には再受験組(いったん他学部に入学した後に、改めて医学部を目指す者)も含まれるが、それでも他の学部に比べて突出した割合だ。

一般的に大学入試は二浪までが基本で、それ以上の浪人は躊躇するものだ。卒業大学の学校歴は、就職する際に大きな効用があるが(特に文系学部出身者の場合)、偏差値上位の大学を浪人して狙ったとしても、合格の保証があるわけではない。

近年でも、国立上位校や早稲田大学、慶應義塾大学を目指して浪人する者の割合が一定数存在するが、それでも医学部以外の学部では、滑り止めの大学が存在する以上、三浪してまで目指す、という情熱を傾ける受験生はほぼ存在しない。

となると、医学部の三浪、四浪の出現率の高さは異様である。

ではなぜ、三浪、四浪にまで至ってしまうのだろう。

もしかしたら三浪、四浪する受験生は怠け者なのかとも思うが、実際に相対してみると、そんな様子は感じられない。勉強を怠ければ、成績は低空飛行を続け、親もそういう状況が現役、一浪、二浪と三年続けば、医学部進学をあきらめる、あるいはあきらめさせるだろう。遊んでいる受験生を浪人に追い込んだとしても、その効果は期待できない。

となれば、取り組みが甘い、勉強が甘い、という評価が下されることはあっても、二浪を経ても合格できない受験生が、それでも受験勉強を続けるのは、合格の予感が本人や親にあるからだ。

やっかいなのは、二浪、三浪に至り、そこで性根を入れ替えて勉強しても、やはり合格できない受験生が多数存在する現実である。

いかに医学部入試が難しいからといって、要求される偏差値は河合塾の全統マーク模試で六五程度である。国立医学部ならばどこでもよい、私立医学部でも一つ合格できればありがたい、と考える浪人生が一年、あるいは二年の時間をかければ、届かない数字ではない。それでも浪人を重ねていく者には、ある共通する傾向が見られる。

大胆に概括すれば、それは数学に対する距離感である。

医学部入試は、国立であれ私立であれ、理系学部である以上、英語、数学、理科二科目

（物理、化学、生物のうち二つ選択）が根幹科目となる。そして三浪以上に向かう受験生は、数学に困難さを抱える者が圧倒的に多い。というのも数学は、一度苦手意識を持つと、相当にやっかいな科目になるからだ。

母集団のレベルが高い数学

例えば、英語と数学の偏差値の比較をする時、その数字の意味は、同じ模擬試験の成績表に載っていても異なる。

英語は必須の受験科目である、文系受験生も理系受験生も逃れることができない。母集団には私大文系を志望する受験生も、国公立大学を志望する受験生も混在している。また、この私大文系の受験生は成績分布の裾野が広く、文系にいながら英語が不得意な者も多数存在する。

しかし数学に関しては、そもそも不得意な者、成績がふるわない者の絶対数が少ない。なぜなら、数学が嫌なら私大文系に向かえばよく、受験生の半数以上は、数学が苦手であるがゆえに私大文系に属し、数学を受験科目から切り捨てているからである。

高校一年生の模擬試験では、受験者は英語と数学の両方を受験するが、二年生の後半から多くの大学進学志望者が数学を忌避し、私大文系に焦点を絞ってゆく。

理系の国語も同じような状況にあるが、第2章で述べたように、国公立大学の定員は理系に厚く、文系に薄い。よって文系受験生は定員幅の狭い国公立受験を回避し、私立文系に転向する傾向が強い。対して理系は、国公立大学の定員幅が大きいため、国語の学習を継続し、国公立大学志望を保持する傾向が強い。もちろん、中には相当苦しむ者もいる。しかし国語の克服は、数学の克服に比べて困難さの度合いが低い（後ほど詳述）。

このように、現代の受験システムでは、数学の不得意な者が、受験から数学を外す環境が整っているということになる。

すると、何が起こるか。

高校三年生、浪人生が参加する全国的な模擬試験では、春、夏、秋と時節が進むに従って、数学受験者は、数学を勉強し続けた者たちのみで占められるようになる。つまり、母集団の学力レベルが高いのである。これでは偏差値はなかなか上がらない。あたかも岩盤のような壁が存在しているかのようだ。

そもそも偏差値は、学力の絶対値を表しているものではない。小学生の中に高校生一人が混じって模擬試験を受ければ偏差値は高く出て、同じ人間が東大志望者に混じって模擬試験を受ければ低く出てしまう。偏差値は全体の中の位置を示す指標に他ならず、ただ単に偏差値を上げたいのならば、母集団の甘い試験を受ければよいだけのことだ。

そして、このような観点から模擬試験受験者の母集団を見ると、高校三年生、浪人生が受験する模擬試験の数学科目は、数学に対して好感を持つ者が多数集まっていると考えられる。この中で偏差値を上げていくのは非常に難しい。

学力は集中力と勉強時間に比例して伸びていくが、受験期は受験生全体が勉強に勤しんでいるため、全体の学力も伸び、結局、偏差値は変化しないという事態に陥りがちである。学力は伸びても偏差値が上がらない状況である。

逆に、模擬試験を受け続け、春、夏、秋と数学の成績が伸びていく者は、辛い母集団の中、さらにその母集団全体の学力が向上していく中、それを凌駕する伸びを示した者ということになる。

一方、英語はそういう構造にはなっていない。文系であろうが、理系であろうが、英語に好感を持っていようが、持ってなかろうが、全員参加である。この母集団の中で偏差値を上げることは、数学ほど困難ではない。同じ偏差値六五を目指したとしても、英語は偏差値を上げやすく、数学は上げにくい構造になっているのである。

加えて、国立・私立中学の受験者増加は、小学校の塾通いを通して、算数のレベルを引き上げる。適性のある者に対しては、さらに極めて難度の高い問題を提供する。この点を考慮すれば、そもそも中学入学段階で、算数・数学には大きな差がついているのである（当然、中学入試では、受験科目として英語はほぼ存在しない）。

抽象的な思考力

さらに着眼すべき側面がある。それは数学には抽象的な思考力が求められる点だ。

国語や英語は言語に関わる科目である。そして人間は成長するにつれ、自然に言語能力が高まり、理解できない言葉、読めない漢字もどんどん減っていく。英語は単純な暗記学習が大量に控えているが、それをクリアすれば、扱っている文章内容は高度なものとは言えず与しやすい。現代の入試英語で、訳された日本語を読んで言わんとしていることが理解しがたいという受験生は非常に少ないだろう。少なくとも解答や訳を見れば、自分の解答の正否が概ね判断できるはずだ。こういう意味で、言語能力の成長によって自然に学力が高まる科目なのである。

それに対して数学は、年齢を重ねれば自然に力がついてくるということはない。抽象的な思考を好み、その訓練に充実感を見出せる者でないと、立ち向かえない科目である。仮に準備なしで大学受験数学の問題を解かせたら、解答を見ても解説を見ても、そもそも何が書いてあるのかすらわからないだろう。

大胆に言えば、「英語が苦手」と「数学が苦手」は、同列に論じることができないのだ。

具体的な状況を設定してみよう。

ここに英語の偏差値が四〇台前半で、他の理系科目は万全の私立医学部志望の受験生と、数学の偏差値が四〇台前半で、他の科目（数学が苦手なだけに、おそらく理科は、数学と地続きの物理は選択せず、化学、生物のペアになる確率が高い）は万全の私立医学部志望の受験生がいるとする。この両者のうち、前者は受験競争から早く抜け、後者は残念ながら三浪、四浪へと進む確率が高い。

なぜなら、前者の対策は、比較的明瞭なためである。前述したように、英語は偏差値を上げやすい構造にあることに加え、実は現在の受験英語指導の世界では、成績向上の道筋が明確になっている。すなわち今世紀に入って以降、受験英語は成績が上がる手順が明瞭になり、暗記の努力を重ねていけば、十分に学力が向上するようになったのである。

英語教育の世界では、受験英語は会話やプレゼンテーションの役に立たない、すなわち実践的でないということで評判が悪い。その是非はともかく、受験英語が求める「読む」ことに関しては、すでに克服に向けての方法論が明確にされているのだ。

（2）受験英語対策

暗記の力

個々の受験生の資質をつぶさに観察すると、そのほとんどが、言語系か数理系のどちらかに偏っている。

成績が突出して優秀な者も、全く勉強をしていない者も、どちらかと言えば言語系が得意、あるいは数理系が得意と、分類することができる。そして多くの受験生は、自らの資質と希望する進路（学部）を重ね、いずれかの学年で文系、理系へと分岐していく。

前述したように、東京大学に数十人規模で合格する高校の生徒は、その資質が言語系寄り、数理系寄りのいずれかに偏っているとしても、双方の絶対水準が高く、難なく難関大学に合格していく（超難関校では、文理別クラス編成すらしない学校もある）。

しかしこれは例外のような秀才であり、多くの受験生は得意科目を伸ばしつつ、不得意科目の克服を求められる。この不得意科目の克服こそ、大きな壁となるのである。

昔から、日本の大学入試は暗記中心と批判されてきた。もちろん、単純な暗記で対抗できるほど受験は甘くはない。しかし暗記が前提となっていること自体は間違いない。逆に言えば、暗記前提の試験だからこそ、暗記の資質に優れた者が有利になるということである。

言語系の資質を持つ者であれ、数理系の資質を持つ者であれ、暗記の力に長けていれば、非常に有利になる。第2章で触れたように、超難関国・私立中学を経由した者は、この暗記の力がずば抜けているケースが多い。いわゆる物覚えがよいとされる人物だ。昨今、学歴を前面に出した出演者が競うクイズ番組が増えたのも、この流れにあると言ってよい。

もちろん東京大学や京都大学に合格する受験生すべてが、例外なく暗記力に優れているというわけではない。しかしその多くが、一般的な受験生に比して、暗記にかける時間が少ないということは言える（本人には自覚がない場合も多い）。

では、こういう暗記の力は、どのように行使されるのか。あるいはどのような勉強を重ねれば、英語の学力は向上するのか。

その答えは、文法、単語、熟語に特化した、前段の学習にあると言える。中でも英語が苦手な者の受験対策の壁は、文法学習にあると強く意識することが大切である。

写真3-1　ネクステージ

写真3-2　ヴィンテージ

文法学習でやっかいな分野は、文法理論の習得である。文法理論とは、時制や不定詞、関係詞などのことだ。進学主体の高校では、この分野をカバーするために、副読本として桐原書店の『ネクステージ』やいいずな書店の『ヴィンテージ』（あるいはこれに類する問題集）の購入を必須としていることが多い（写真3‐1、3‐2）。

この二つの問題集は、出版社が異なっていながら、その構成は全く同じである。

第1章に文法、第2章に語法、第3章にイディオム、第4章に会話問題、第5章に語彙、第6章に発音・アクセントとなっている。この中で根幹となるのが、第1〜3章である。中でも、理屈を知らなければならない第1章が面倒で、ここが壁の中の壁となる（3‐3）。

NextStage 16ページ　第1問　下から適切な選択肢を選ぶ。

Glen and Wilma usually (　) their washing on weekends.
①are done ②do ③have been doing ④have done

NextStage 26ページ　第30問　下から適切な選択肢を選ぶ。

"This temple is beautiful. How old is it?"
"It (　) in 1343."
①was built ②built ③was building ④build

NextStage 50ページ　第106問　(　)内の語を適切な順序に並べる。

私の計画は、家を買う前に車の支払いを済ませることです。
My plan (for/to/paying/finish/is) my car before I buy a house.

3-3　NextStage文法問題例

一方、第2〜3章は単純暗記のコツをつかめば、ごく普通の高校生なら克服可能だ。これに英単語の暗記を加えれば、受験英語の基礎項目のすべてとなる。

なぜこれが基礎となるかと言えば、これらの要素(第1〜3章、英単語)が、高度な長文を素早く理解するためにどうしても必要となるからである。

これらのことは、受験英語の指導者にとっては長らく自明のことだったが、英語指導者の枠を超え、受験指導の一般的な常識として広く定着したのは、ここ一〇年のことである。

文法が先、長文は後

現在四〇歳以上の方の中には、かつての受

験対策の状況、つまり予備校や塾の指導を覚えている方も多いと思う。大学受験の予備校は、一九七九年の共通一次試験導入後にそれぞれ全国規模化し、駿台予備校、河合塾、代々木ゼミナールが三大予備校と呼ばれるようになった。

この時代の予備校の受験英語指導は、文法や長文の講義を一〇〇人規模の受講生に対して一斉に展開するものだった。この講義形態は、現在ほとんど消失している（全く消えたわけではない）。

当時のカリキュラムは、浪人生に対して英語の文法講義と長文講義を同時並行的に行い、両者を一年間のカリキュラムの中で消化していくものだった。

しかしこれは現在の知見からすれば、間違った講義設定である。前述したように、文法理論を先行して習得していくことが現代の英語学習の定石であり、文法と長文を一年間にわたって同時並行で教える設定は、長文の力が根本的に伸びることがない。端的に言えば、文法が先、長文が後となっていなければならない。

この単純な原理が受験英語習得の絶対的なルールであり、ここから逸脱して散漫な学習を進めると、英語の成績が伸びる予感が持てず、勉強から離脱していく傾向が強くなる。

もし読者の方々で高校生のお子さんをお持ちの方がいたら、お子さんの模擬試験成績表を改めて確認してほしい。見るべきは英語の点数、偏差値ではなく、英語の項目別得点率である。

予備校が主催する模擬試験でも、出版社が主催する模擬試験でも、必ず「文法・語法」を含む項目がある。この点数が半分を切っていたら、受験勉強に耐えられず一般入試を回避し、非常に高い確率で推薦入試に向かうことになる。

大胆に言えば、文系、理系関係なく、この項目は受験勉強そのものへの適性を示しており、ここで半分を切る点数しか取っていない者は、受験勉強に全く親近感を持たず、学校の定期テストはよいが、模擬試験はダメという状況に陥りがちである（多くの人は、これを応用がきかないと称するが、応用がきかないのではなく、文法理論をいい加減に取り扱っているだけである）。

さらに、高校二年生まで模試試験の成績はよかったのに、三年生になって急激に落ちる者は、間違いなくこの傾向が強い。

もちろん半分を超えていればよいというわけではない。半分という点数は受験勉強に対する適性の萌芽があるということを示すのみで、国公立であれ私立であれ、医学部進学を目指すなら、確実に八〇％の正解率を得ていなければならない。一時的に七〇％に落ちることがあっても、次の模擬試験では確実に八〇％に復帰しなければならない。これが難関大学挑戦の前提だといってよい。

意外に思うかもしれないが、英語全体の偏差値は、受験三カ月前でもなければ、あまり気にしなくてよい（よいに越したことはないが）。「文法・語法」の得点がよく、かつ全体の得点もよい、というなら安心だが、前者がダメで後者の点数がよい、という者は、受験で確実に英語が足を引っ張ることになる。

特に注意したいのは、高校一年生の一年間、そして二年生前半の模擬試験である。この時期の英語の長文は、それほど高度な内容は出題されない。特に配点の高い長文では、いくつかの単語の意味が判別でき、内容が推測できれば、「常識」の線に沿って解答を選択できる問題が多い。

模擬試験は一般的に、長文の配点が高く、文法の配点は低いため、長文ができれば成績、偏差値が高めに出てしまう。しかし受験が見え始める二年生後半から三年生にかけて、文章の難度は上がり、「常識」や推測で正解を出すことが困難になる。文法理論を念頭に置き、全体を読み、下線部和訳を的確に判断する必要に迫られるのである。

例えば、前述の『ネクステージ』や『ヴィンテージ』は、第1章の最初の項目で「時制」

を取り上げている。これは、英語と現代日本語で根本的に異なる時制の感覚の違いが、英語読解の出発点として認識されるべきだという考えに基づいてのことである。

事実、時制の違いの理解は、英語読解のちょっとしたコツと連動し、正解を導く根拠となることがある。

現代日本語は時制区分が大雑把なため、また母国語でもあるため、日本語文章を読む際に時制を意識することはあまりない。しかし、英語では未来、現在、過去だけでなく、現在完了、過去完了まで、その区分が精密で明確である。

例えば、主張と論証が分かれる英語の論説文では、主張が現在形、論証が過去形（完了形）となる傾向が強い。英語長文を読んでいて、時制が過去形から現在形に変化したら、そこから主張が始まるのではと身構え、精密に読まなければならない。一方、主張が理解できれば、論証部分は精密さを追わず、速読に委ねる駆け引きが可能になる。

時間制限の厳しい難関大学の英語長文は、単に読むだけではダメで、こういう駆け引きが必須となる。そしてその基盤として、文法理論が様々な局面で顔を出すのである。

腹を括れるか

文法学習は、あらゆる高校生受験生にとって面白いものではなく、これに繰り返し取り組むことは、英語を苦手とする者にとって心理的なハードルが極めて高い。しかしその分量は、前述の問題集の第1章分、二〇〇ページ弱に過ぎない（かつ問題が半分、解説が半分なので、実質的には一〇〇ページ）。

あくまでも理論なので、英語の指導者について的確な解説を受けた方がよいが、苦手だからできないというものではない。むしろ苦手だからやらない、逃げたいという気持ちになっているだけである。

文法理解の重要性は、意外にも一般的に理解されておらず、そうであるがゆえに受験英語の核心として認識されずに放置され、英語ができない、苦手だという受験生を続々と生み出している。

英語を苦手とする者にとって、受験英語はできない、理解できないのではなく、面倒だからやらないという精神的な側面が強い。ゆえに一浪もしくは二浪と進むに従って「腹を括れ」ば、克服することができる。そしてこの文法の理解は、浪人生であれば二カ月ほどで克服可能である。

一方、単語、語法、イディオムなどの学習項目の克服は、さらに単調である。これらは単純暗記なので、指導も理解も基本的に必要ない。ただ覚えるだけである。

数学好きにはこの単純暗記を嫌う者が多い。奥行きのない作業で、単調な反復を要するために、ただひたすら面倒だという心境に陥ってしまうからである。

単純暗記が苦手で、単語やイディオムをなかなか覚えられないという者もいるが、これは程度問題であり、そもそもこの単純暗記の資質に大きく欠ける者は、中学入試、高校入試段階で、大学進学主体の高校に入学することすらできていないはずである。

進学主体の高校に在籍していれば、十分に素地はあるので、「面倒」という境地を克服すればよいだけのことである。さらに言えば、面倒だからやらない、ということに対する最も効果のある「薬」は時間であり、文法理論同様、一浪、二浪と進むうちに焦りが高まり、やはり「腹を括れ」ば、あとは「気合い」や「精神力」で克服していくことが可能である。

英語が苦手で三浪に進む者は、この点からも相対的に少ないと言える。

忘れるから繰り返す

この単純暗記克服について、視点を変えて考察してみよう。

時間の「薬」が有効ならば、英語を苦手とする者、嫌いな者は浪人をしなければ克服できないのだろうか。言い方を変えれば、「気合い」を人工的に高められるのか、という問題になる。

単純暗記について、学習指導者の側に方法がないわけではない。英語の単語、語法、イディオムについては、暗記のメニューを操作することで「やる気」を起こすことが可能である。そもそも単純暗記を嫌う者は「覚えた傍から忘れていく」という愚痴をこぼすことが多い。対して英語が得意な者は、こういう愚痴をこぼさない。記憶力が生まれながらによい者は、単純暗記を苦にせず、どうしてそんなことに時間をかけるのだ、と困惑の表情を浮かべる。しかし、それはごく一部の者である。英語を得意とする者が、全員そういう「力」の持ち主というわけではない。

問題は「継続」に対する感覚の違いである。コツコツ暗記することを全く苦にしない性格の者は確かにいる。記憶力がごく普通の者でも、コツコツと努力を重ねていけば、思考力を要する作業ではないだけに、必ず成果を上げることができる。英語が得意という者は、（帰国子女でない限り）このコツコツ型の性格の者が多い。

一方、そうでない者には、どう指導すればよいのだろう。

仮に暴力や監禁といった手段を講じても、効果はないと言ってよい（特に中学入試で、これに似た形で子供を追い込む親がいるが、長期的に見て確実にマイナスである）。頭の中で行われることを身体的に追い込んでも、頭と身体は連動しないからである。

逆に大切なのは、努力に対する報酬を早い段階で感じさせることである。この報酬は物や金銭ではなく、充実感、あるいは感動という無形のものでなければならない。

小学生や中学生の段階で物や金銭で釣っても、長期的に見て、子供の学力にとっては効果がないどころかマイナスに働く。勉強に対する継続意識が生じず、高校生になって学習内容が難しくなった時に、投げ出す可能性があるからである。

英語学習の報酬は、物や金銭ではなく、目に見える英語の読解力の進歩でなければならない。

そして、その方法は極めて素朴である。単純暗記の報酬経路の設定に最も効果があるのは、英単語の暗記である。実は「覚えた傍から忘れていく」というのは当たり前のことで、これを忘れるから繰り返す、という認識に変換しなければならない。

しかし、それができれば苦労はなく、そもそも意欲がない者は繰り返し学習をしない。それでも「忘れないように徹底的に繰り返す」ことのみが、真に正しい指針である。そしてそのために、暗記の範囲を絞り込み、数を追わない戦略を採用することが大切である。つまり、単純暗記嫌いの高校生受験生にとって、小さな範囲を徹底して繰り返すことが、単純暗記克服の第一歩である。

上限を六〇〇語に設定

単語の暗記に関しては、多くの高校で単語の小テストが何らかの形で行われている。これは意味はあるが、英語好き以外の高校生にはほとんど効果がない。

高校の単語小テストは、例えば二〇〇〇語を二〇に分け、毎週あるいは毎月のペースでテストしていくものである。これをやると、多くの高校生は「覚えた傍から忘れる」ということを体験するのみである。暗記の努力はいつしか小テストのための努力となり、一時的な気休めに似た努力になってしまいがちである。

もちろん最初に、書いたり声に出したりするなどして、必死に覚える時間は必要である。しかし、その状態でどんどん先に進むと、時間の経過に従って覚えては忘れ、覚えては忘れの繰り返しになり、どうせ忘れるならば覚えても仕方がない、という極端な境地に達してしまう。

ならば、先に進むことを止めてしまえばよいのである。

単語暗記の初学者は、せいぜい六〇〇程度の語数を限界値とし、本人が覚えたと言っても、繰り返し繰り返し執拗にテストし、もう覚えた完全に覚えた、とにかくお願いだから先に進んでください、と本人が懇願するまで繰り返すことが肝要である。

そもそも六〇〇語の暗記は大変ではない。まず二〇〇語ずつ三つのグループに分け、初めの二〇〇語を徹底的に覚える（その方法は人による）。

いったん覚えたその二〇〇の単語については、毎日繰り返し、発音、アクセント、主となる日本語の意味を声に出し、かつ目で追っていく。一〇〇語の意味を目で確認するだけなら二分はかからず、二〇〇ならば四分程度の確認である。それを来る日も来る日も繰り返すだけである。二分から四分の隙間時間を活用し、一日五回取り組んでも一〇分、二〇分に過ぎない。おそらく一週間もかければ、二〇〇語程度の暗記は可能である。

ここまで来たら、次の二〇〇語に進み、同じ行程を踏む。その二〇〇語も暗記したら、最後の二〇〇語のグループに向かう。

そして六〇〇語を一通り終えたら、六〇一から八〇〇に向かうのではなく、一から六〇〇を延々と隙間時間に繰り返すのみである。六〇一から先に進むのは、心から先に進みたいと思った時で、焦らず、そういう思いが訪れるのを待つことが大切である。

ここに至れば、英単語の暗記は机の上で行う勉強ではなく、電車移動やちょっとした待ち時間に行うものだという自覚も浮上し、さらに、その記憶はすぐに忘れる短期型の記憶（一週間前の夕食のメニューを人は忘れる）ではなく、おそらく大人になっても忘れない長期記憶（大好きな歌の歌詞は数十年経過しても覚えている）と化し、「覚えたのに忘れる」ということはほとんどなくなる。

そしてこれが、後述するように、感動を媒介として大きな心境の変化を巻き起こしていくのである。

「覚えれば報われる」という心境

日本の受験英語対応の単語集は、実に上手く編集されている。その多くが、入試問題をデータベース化することで、出現頻度順の掲載を実現しているからである。

出現頻度順と言っても、単によく出る英単語を追っているわけではない。そうでなければ「a」や「the」や「do」や「is」まで掲載しなければならなくなる。そこで、中学英語の基本的な単語を排除し、かつ高校生受験生が知らないだろうが、よく出る単語のみを並べている。英単語集の前半のページに掲載されている単語ですら、高校生が知らないレベルの単語で溢れている。そしてよく出る単語である以上、英語学習の様々な局面で出現し、単語集の外で再会することになる。

単語の暗記を小テストのみに依存し、覚えた傍から忘れる、ということを繰り返していると、模擬試験など別の場面で英単語集に掲載されていた単語と再会しても、初対面だと誤認してしまう。しかし長期記憶になっていれば、教科書や模擬試験で再会し、「本当に出る!」という、軽い感動を味わえる。つまり、覚えれば報われるという心境を得ることができるのだ。

当たり前のことだが、日本の優れた英単語集は、暗記すれば報われる機会が必ず訪れるよう構成されている。よって大切なことは、小テストで単によい点数を取ることではなく、すぐに忘れてしまう短期記憶から、大人になっても忘れない長期記憶に変換する作業なのである。つまり小テストは、暗記の有無の確認の場ではなく、暗記を始めるスタートラインと自覚する必要があるのだ。

その作業は極めて単純である。範囲を区切り、とにかくちょっとした時間に繰り返し、目で追って覚えているかを確認する。それだけのことである。しかしこの努力は、ごく普通の英語学習の中で必ず報われる日が来るのだ。

「覚えれば報われる」という心境に達してから、改めて英単語集の冒頭、「はじめに」を概観すると、(どんな英単語集でも)「出るものばかりを掲載している」と明記していることに気付く。

出るものばかりを効率よく集めた単語集を前に、それでも面倒だから覚えない、と考える受験生など存在しない。「確かに出る」ことを実感として認識できれば、それが意欲の拠点となるのだ。

単純暗記の克服は、面倒ではあるが、前述のように努力と報酬の回路を短く設定することで迷いが生じなくなる。覚えたものは時が経てば忘れるが、忘れやすい単語は、そればかりを集めた自作の一覧表を作り、受験直前に何度も見直せばよい。何度も繰り返すうちに、そういう単語はどんどん減っていくはずだ。

この実感ができれば、『ネクステージ』あるいは『ヴィンテージ』の第2～3章の語法、イディオムも克服可能である。なぜなら全く同じ方法で単純暗記は進むからだ。これら問題集の問題群は、模擬試験や入試問題と強く連動しているので、あっという間に「報われ体験」が訪れることになる。

このような過程を経て、受験英語の基本たる単語、文法、語法、イディオムの克服の道筋を実感できれば、それはそのまま古文、漢文の基礎項目の克服意欲へとつながっていく（これらの基礎学習項目も文法であり、単語である）。暗記を主とする生物も同様である。詳しくは後述するが、文法理論の定着と単純暗記の克服は、他の教科へとつながり、科目の広がりを持った学力向上へと、そのままつながっていくことになる。

姿を消した「グラマー」

このような受験英語克服の道筋が、なぜここ一〇年で明らかになったのだろうか。それは高校の英語カリキュラムの改変と密接なつながりがある。

本書を読んでいる父親、母親世代で、大学受験の英語を克服した者は、これほど文法を意識した受験勉強をしていなかったにもかかわらず、成果を出したはずだ。実は一九九〇年代半ばまで、文法理論の克服の道筋は、学校カリキュラムの中に組み込まれていたのである。

父親、母親世代は、かつて高校二年生で、文法を学ぶ「グラマー」という授業があったことを覚えているだろう。これは、時制や仮定法など、先に挙げた『ネクステージ』や『ヴィンテージ』の第1章の学習項目を体系的に学ぶ授業で、ここで好成績を得ていれば、受験期を前に、英語の根幹基礎を習得できた。

ところが、この「グラマー＝英文法」の授業が、英語カリキュラムの改定によって、一九九〇年代半ばに姿を消してしまった。具体的には「グラマー」が「ライティング」という名称の授業に改変され、文法事項を体系的に学ぶのではなく、実際に英文を書くことに力点を置いた科目となったのである。文法は、目次に従って各項目を理解するのではなく、リーディングやライティングの合間に、その都度教える形になった。

これは文部科学省（当時は文部省）主導の改定であり、この背景には、英語嫌いは文法嫌いが原因である、という前提があったように思う。

事実、一九九四年の教科書検定では、高校用ライティング教科書三種類が、文法中心だとして検定不合格と判断された。このような強い意志を持って、文部省は文法の体系的指導の廃絶を推進していったのである。

もちろん受験実績を追い求める私立高校や、担当教員独自の判断で、受験には文法が必要だとして、科目名はライティングだが、「現場の運用」で文法を体系的に教える授業を温存した事例も存在する。しかし、学校カリキュラムからの体系的英文法指導の退場は、じわじわと浸透し、その指導の任は予備校や塾へと移っていくことになった。

先に挙げた桐原書店『ネクステージ』の初版は一九九九年。まさにこの改定を受け、学校現場から退場した英語文法教科書の代わりに登場したものだ。『ネクステージ』は初版から、学校英語の副読本として進学主体の高校で爆発的に採用され、さらに『ヴィンテージ』が類書として加わり、現在に至っている。

学校英語の任は受験指導ではない。大学進学者が少数派（一九九〇年代半ばの大学・短大進学率は四〇％台）だった時代に、すべての高校生に配慮し、高校内で完結するプログラムを組むためには、こういう改定はやむを得ない側面がある。

しかしこの改定で、学校英語は受験英語とのつながりを欠くようになり、受験勉強の予備校への依存度を上げる結果となってしまった。

さらにこの改定は、二〇一六年一月にセンター試験を受けた現役高校三年生の世代からさらに強く推し進められ、現在「ライティング」という科目すら消失し、「英語Ⅰ」「英語Ⅱ」という科目名が、「コミュニケーション英語Ⅰ」「コミュニケーション英語Ⅱ」と改変されるに至っている。

こうなれば体系英文法の学習は、自学自習へと投げ出され、さらに予備校や塾への依存度が増すようになる。

大学受験は「読む」一辺倒

英語はコミュニケーションに資するためのもの、という考え方自体が悪いわけではない。経済成長を遂げるアジア各国の英語学習熱は、まさに「読む、書く、話す、聞く」の四要素を踏まえたものであり、「読む」に偏重した日本の英語指導に問題がないわけではない。

しかし大学受験は今なお「読む」が主流である。高校の教科書を意識したセンター試験は、紙のテストで何とかコミュニケーション能力の有無を測ろうと苦心している。私立大学入試での英語検定の利用も現在進みつつあるが、私立医学部の入学試験、難関国立大学の入試問題は、相変わらずひたすら「読む」一辺倒である。

いずれ大学入試から英語が消え、「英検」などの資格試験に代わっていくのであろうが(その動きはすでに始まっている)、現在の医学部受験英語の世界では、「読む」ことが高得点への道である。

まさにミスマッチの状況だが、この中で台頭してきたのが映像講義による受験指導である。

学校カリキュラムからの体系英文法の排除は、まず『ネクステージ』という問題集を生み出し、続いて映像講義の優位性を際立たせることになった。

映像講義の台頭

映像講義を大胆に推し進めたのは、すでに河合塾や駿台予備校と並ぶ存在感を持つようになった東進ハイスクールである。

東進ハイスクールは今世紀初頭に、ほぼすべての対面型の講義（大教室で大多数を相手に、予備校講師が一斉に講義する形）を廃止し、映像講義のみの指導形態を採用するようになった。これは映像講義の方が、受験学力が上がると考えてのことである。

東進ハイスクールが「発見」したのは、学力が上がる具体的道筋である。受験は成果が明確である。そこで、成果が出た者がどのような講義を受講してきたかを逆算していけば、学習履歴の共通項が浮かび上がる（どの程度の成績で、どの映像講義を受けてきたかという履歴）。

その中でわかったことの一つが、例えば、英文法の理解定着が、その後の受験英語の学力伸長に必須である、という仮説である。

「カリスマ講師」の存在は、九〇分の講義を飽きることなく聞かせ、理解に導くという点では重要だが、それ以上に、個々の受講生に、時宜に合わせてどのような講義を受講させるかという指導が、実は映像講義の優位性を際立たせているのである。

例えば映像講義では、英文法講義のみを先行して受けさせ、集中的に取り組ませることができる。これが映像講義の最も魅力的な点である。先行して英文法に取り組ませるという仮説が正しいならば、確実に成果が出てその追随者も現れるはずだ。事実、追随者が現れている。

その後、河合塾もマナビスという映像講義のみの教室を多数展開しているが、これも東進ハイスクールの受講指導とほぼ同じ形態を採用し、英語については文法が先、長文が後という構造になっている。他にも多くの組織が映像講義に取り組んでいるが、単純に講義数が多い、講義を並べただけでは成果が出ない。映像講義による受験指導では、東進ハイスクールと河合塾マナビスが抜きん出た存在となっている。

もちろん英文法指導だけが、その強みの源泉ではない。映像講義型の指導には、他にも長所がたくさんある。いずれにせよ、学校カリキュラムからの体系的英文法指導の追放が、映像講義型の受験指導の興隆を促したことは、覆いようのない事実である。

体系英文法の理解が進み、語法、イディオム、単語の単純暗記が進み、その反復が日常の学習として定着したら、その後、英語の構文理解、長文読解指導へと進む。これらは文法理解を前提とし、それが定着していれば、魔法にかかったように英語学習が充実したものとなる。

ここに至って、英語が嫌いで見たくもない、という境地から抜け出し、意欲的に相応の学力を身につけることができるようになる。あとは受験までの残り時間との闘いであり、時間があればあるほど有利になる。

以上のステップは、近年明らかになった受験英語指導の基本形である。

前述したように、

①言語に関する力は自然増が見込まれる

②暗記や文法理論の基礎を定着させるステップが明らかになっている

③母集団が甘い

これらの点を併せて考えれば、受験英語の世界で偏差値を上昇させることは難しくない。

構文把握や長文読解のコツなどは、予備校などの指導に一日の長があるが、こういう受験英語にまつわる様々なコツは、基本ができていれば真綿が水を吸い込むように吸収できる。

さらに前述したように、英語の克服は、同じ〝異言語〟である古文や漢文の克服へとつながる。

次節では、私立医学部を狙うならばほぼ関係ないが、国立医学部を狙うのならばセンター試験で問われる国語について概観していくことにする。

(3) 受験国語対策

国語が苦手なら、まず英語を勉強すべし

英語の成功体験が国語の克服につながる、これが前提である。

私立医学部で、国語の試験を必須とする大学は存在しない(帝京大学医学部で選択科目の一つとなっている。また埼玉医科大学でも小論文の中で現代文型問題が課されている。加えてセンター型出願では、いくつかの私立医学部で現代文が求められている)。また、二次試験で国語の試験を要する国公立医学部は東京大学、京都大学、名古屋大学など少数である。よって、医学部受験で国語が必要となるのは、国公立大学一次試験、つまりセンター試験が主となる。

センター試験のみと言っても、理系受験生は国語を苦手とするケースが多い。しかし、センター試験に限定すれば克服は十分に可能である。

センター試験の国語で失敗して、国立医学部に出願できないという例もあるが、それでも、

何年も浪人しなければ克服できないというものではない。国立医学部ならばどこでもよいという状況ならば、センター試験の国語で取るべき点数は八〇％程度である。

そもそも多くの国公立医学部受験生は、二次試験で英語、数学、理科を求められるため、それらについては高度な学力を有しているはずだ。二次試験は、センター試験に比べて、問題の難度が大きく上がるからである。ゆえにセンター試験での高得点は必須で、八〇％台後半は取らなくてはならない。

それなら、センター試験国語の点数は、一六〇点を切って一五〇点程度でも、国公立医学部受験への出願は可能である。センター試験で英語、リスニング、数学、理科で九割（五八五点）ならば、国語一五〇点、社会七〇点でも、合格可能な国公立医学部は複数存在する（地方の国公立大学になるが）。何としても国公立医学部、どこでもよいから国公立医学部、と考えるならば、こういう最低限の点数構成を念頭に勉強を進めるべきである。

とはいえ、国語一五〇点という点数は危険である。一六〇点超を目標にすべきだ。しかも、その達成に向けての難しさは、英語、数学に比べて格段に落ちる。

センター試験の国語は、評論五〇点、小説五〇点（この二つが現代文）、古文五〇点、漢文五〇点（この二つが古典）で構成される。先述のように、古文と漢文は英語と同様の学習過程をたどり、現代文は文法学習の存在しない英語の長文だと考えれば、それほど多くの勉強時間を要しない。

言い換えれば、英語を克服した者は、センター試験の古典分野の克服も容易だということである。

典型的な理系受験生で英語を苦手とする者は、同時に国語も苦手とすることが多いが、英語克服の道筋を歩んで行けば、古典に関しても自ずと道が開かれる。

国語の成績向上に、異言語である英語の勉強を経由するのは一見奇異だが、自国語を異言語のようにとらえることで、学力は相当に上がっていく。ゆえに、国語を苦手とする者の克服の道は、まず英語での成功体験を得ることから始めなければならない。

これはそれなりに時間がかかる方法だ。高校三年生時に、英語もダメ、国語もダメ、それでも国公立医学部を志望したい、ということであれば、浪人して克服していくしかない。

古文・漢文は英語を克服した後で

では、国語という科目は、具体的にどういう性質を持つものだろうか。

国語は、実に奥深い一面を有しているが、センター試験に限って言えば、それほど難度の高い思考が求められているわけではない。
ただし一口に国語と言っても、現代文と古典では学習の指針が異なるので、この両者は切り分けて考えなければならない。この違いを念頭に置いて、まず古典から概観しよう。

古典は、古文と漢文の二つから構成されているが、いずれも現代日本語とは異質の言語である。

古文は現代日本語とのつながりがあるが、文法の大半および、身分制によって派生した敬語において決定的な違いが存在する。

漢文は、そもそも中国語文献に由来し、これに返り点を付すことで、古文の文章に変換したものである。

両者は、現代日本語とは遠く離れたものであり、外国語の学習に類する努力を重ねることで克服できる。つまり、英語の学習と同じステップをたどることが克服への道となるのだ。よって、前述したように、英語と古文・漢文に同時並行的に取り組むのではなく、英語の克服の目途をつけてから、その勉強法をなぞるように古文・漢文に取り組むことが重要である。

そもそも高校時代に真面目に熱心に古文・漢文学習に取り組んでいれば（学校の定期テスト、小テスト、宿題など）、こういう手順は必要ない。しかし英語、古文、漢文を苦手とするならば、手順こそが肝要である。

古文における文法は「識別と敬語システム」、漢文における文法は「句形」で、これらの学習は英語の文法を克服する手間の半分以下、あるいは三〇％以下の手間で済ませることができる。英語学習のミニチュアだと考えるとよい。

音読の有効性

この〝異言語〟学習において驚くべき効果を発揮するのが、音読である。文法理解の定着や単純暗記には、音読学習を併せて行うと相当に効率が上がる。これは英語、古文、漢文に共通する傾向である。

英語の音読は、まず『ネクステージ』や『ヴィンテージ』などの副読本の例文から始めるとよい。実際に音読に取り組む受験生を傍で観察していると、一カ月後の記憶の残存率が二割から三割ほど上がり、暗記に拍車がかかる例が非常に多い（定着率が高くなれば、すぐにやりがいが出てくる）。

古文を苦手とする者にも、音読はかなり有効である。文法学習に入る前に、基本的な古文の文章のリズムと流れを体感するために、最初の学習として、センター試験の古文過去問で理解しやすい本文を選び、初めは口語訳を見ながら本文を黙読する。訳が理解できたら本文のみを音読し、音読しながらその速度で頭の中で訳していく。こういう作業を重ねる。

すると、理解しにくい箇所（スムーズな朗読ができない箇所こそ、文法や単語の難しい箇所）が判別できる。その箇所の口語訳を見て音読し直す、という作業をさらに繰り返していく。これを五種類の文章で実行した後に、改めて文法学習に入っていくと、文法参考書が言わんとしていることが非常に理解しやすくなる。

これを古文の暗記学習の本格スタートに置けば、少なくとも何を学べばよいのか、ととまどう境地にはならないだろう。

漢文も同様で、音読の対象は、返り点の付いたセンター試験の漢文問題の本文を用いる。正しい書き下し文を横に置き（過去問題集やインターネットサイトで簡単に入手できる）、まずは黙読し、次に音読をする。スムーズに音読ができるようになったら、次に口語訳を意識しながら、音読をしていく（口語訳も手軽に入手できる）。書き下し文をテンポよく音読でき、かつ頭の中で口語訳が展開するまでになったら完成である。

これを古文同様、五種類程度の文章で実行し、その後に句形の学習に入ると、「ああこれは見たことがある」と既視感を抱くことができる。

単純暗記に他ならないが、それでも、なぜこれを覚えなければならないのかといった疑念や、こんな文法学習にどんな意味があるのかといった不審を払拭することができる（実はこれが大きい）。

古文や漢文は、訳してみればそれほど難しいことを言っておらず、内容理解の壁は、英語に比べて圧倒的に低いと言える。

多くの文系受験生が英語や古文を苦にしないが（勉強そのものが嫌いな受験生は除く）、それは二つのことを克服しているのではなく、もともと別の道でありながら、歩み方が同じものを、同じ手順で克服しているだけなのである。英語、古文、漢文は異言語であるがゆえに、その克服の道は同じで、一つが克服できれば、あとは時間との戦いとなる。

選択肢問題への対応

では、現代文はどうだろうか。

理系受験生にとって現代文は、鬼門となる可能性が高い。特に言語系の科目を苦手とする者は、その克服の道が不明瞭で、何から手をつけてよいかわからないと悩むケースが多い。現代日本語なのだから難しくない、というのは現代文指導者の常套句だが、これは現代文を苦手とする受験生にとっては不遜な言葉である。

国公立大学二次試験、早稲田大学文系学部、上智大学文系学部の現代文問題は十分に難しく、センター試験の現代文ですら点を取れない者にとっては、非常に苦しい科目だと言える。そもそも現代文は、英語や古文などに存在する文法に関する基礎的学習を求めない。ゆえにいきなり長文読解と向き合うことになる。筆者の主張をつかまえろ、論理的に読め、といったスローガンが、長文問題克服に向けて叫ばれることが多いが、実はこういうスローガンに点数向上の根拠は存在しない。

特にセンター試験に限って言うならば、選択肢問題（ほとんどが五択）特有の思考に慣れることが大切である。

以下に例題を挙げてみよう。二〇一〇年度センター試験の評論からの抜粋である。問題本文は除き、設問と選択肢だけを引用するが、それでも正解を導き出すことができる。

問　傍線部「『人間』は、この資本主義の歴史のなかで、一度としてその中心にあったことはなかった」とあるが、それはどういうことか。（以下略）

①商業資本主義の時代においては、商業資本主義の体現者としての「ヴェニスの商人」が、遠隔地相互の価格の差異を独占的に媒介することで利潤を生み出していたので、利潤創出に参加できなかった「人間」の自己愛には深い傷が刻印されることになった。

②アダム・スミスは『国富論』において、真の富の創造者を勤勉に労働する人間に見いだし、旧来からの交易システムを成立させていた「ヴェニスの商人」を市場から退場させることで、資本主義が傷つけた「人間」の自己愛を回復させようと試みた。

③産業資本主義の時代においては、労働する「人間」中心の経済が達成されたように見えたが、そこにも差異を媒介する働きをもった、利潤創出機構としての「ヴェニスの商人」は内在し続けたため、「人間」が主体として資本主義にかかわることはなかった。

④マルクスはその経済学において、人間相互の関係によってつくりだされた価値が商品そのものの価値として実体化されることを物神化と名付けたが、主体としての「人間」もまた認識論的錯覚のなかで物神化され、資本主義社会における商品となってしまった。

⑤ポスト産業資本主義の時代においては、希少化した「人間」がもはや利潤の源泉と見なされることはなく、価値や富の中心が情報に移行してしまったために、アダム・スミスの意図した「人間主義宣言」は完全に失効したことが明らかとなった。

選択肢の内容を一読すると感じられるだろうが、そもそも（ここに掲載していない）本文自体もこの調子で、非常に難解である。わかる者にはわかるが、大半の受験生にとってその内容を完全に把握することは困難である。

しかし、正解を出すためには必ずしも内容を深く理解している必要はない。主張をとらえるという読み方から離れ、数学のように着眼点を変え、設問文から与えられた条件課題を整理するところから始めるとよい。すると、「どういうことか」と問われていることがわかる。つまりこの設問は、傍線部の言い換え説明を求めているのだ。ならば的確な言い換えを探してみよう。注目すべきは、傍線部の主旋律、その主語と述語である。当たり前のことだが、この主語と述語の言い換えを放棄している選択肢は、正解にはなりえない。

この前提を踏まえて、傍線部を確認すると、その主語となっているのが、「『人間は』」である。ならば、選択肢の後半に注目し、この傍線部の主語にあたる部分が説明されているかに注目すると、①は「『人間』の自己愛には」、②は「『人間』の自己愛を」、③は「『人間』が」、④は「『人間』もまた」、⑤は「『人間主義宣言』は」、となっている。

そもそも傍線部の言い換え説明が求められているので、その説明は「人間」がどうであるか、ということについて言及していなければならない。

単に人間がどうなったかを説明すればよいはずなのに、①と②と⑤は、『人間』の自己愛」、であるとか、「『人間主義宣言』」であるとか、説明すべき内容から踏み込みすぎて、単なる「人間」の説明から逸脱してしまっている。これでは傍線部の求めるところとずれていると判断せざるを得ない。

残った③と④は、単なる「人間」の説明をしようとしている点がよく、あとは傍線部最後の「中心にあったことはなかった」の観点から検証していけば、正解に至ることができる。では、どちらが「中心にあったことはなかった」に近いだろうか。

③……「人間」が主体として資本主義にかかわることはなかった。
④……「人間」も……資本主義社会における商品となってしまった。

④の選択肢は、「人間」が商品となっているため、中心にもどこにも存在しない。しかし③の選択肢は「主体としてかかわることはなかった」とあり、言い換えれば、二次的には関わったということである。

五つの選択肢を並べれば、「中心にいなかった」に類する表現を持つ選択肢は③のみで、実際に正解は③である。傍線部の説明として、相対的に③が最も近いがゆえに、③を選ばなければならない。

①と②は本文と重複する部分があるが（本文は紙面の都合上カット）、言ってみればこれは、「人間」が中心でなくなったことによって起こった結果である。「どういうことが起こる

か」と設問で問われていれば正解になる可能性があるが、問われているのは「どういうことか」である。

学校では教えてもらえない

これを受験テクニックというのは簡単だが、この正解を導くプロセスには、現代文という科目のエッセンスが込められている。

一つは、設問の指令を真摯に受け止めることである。説明せよ、と言われたら、傍線部の説明をしようと強く思わなければならない。言い換え説明問題なら、傍線部を主語と述語に切り分け、その該当部分を選択肢に当てはめて、言い換えとして最も近いのはどれかという観点で比較検討していかなければならない。

つまりセンター試験現代文の選択肢判断は、近似値計算の連続であり、最も近い解答を複数の選択肢の比較で判断していかなければならないのである。

そもそも過不足のないまともな言い換え説明が、選択肢に一つしかなければ、誰にでも正解が出せる。ゆえに正解の選択肢でも、説明として不十分なところがあったり、不正解の選択肢でも、何かしら説明として適切な部分を含んでいたりする（そのため迷いが生じ、問題として機能する)。

前述の問題は、本文がなくても正解が導き出せる極端なものだが、傍線部に着目したり、選択肢の同じ位置にある表現を比較するなどして、正解を導き出すことができる。センスも何も関係ない、極めてシンプルな考え方である(論理的に読むということすら必要ない)。

英語構文を現代文に応用

センター試験現代文の選択肢問題は、このようなシンプルな考え方で解けるが、なぜ混乱する受験生がいるのだろう。

それは、現代文のこういう発想が、学校教科書では扱われないからである。すべての受験科目は、高校の授業内容とシンクロするが、現代文の選択肢処理だけは、教科書では学べない(英語長文も同様)。残念ながら、選択肢問題の解き方を掲載している国語教科書は存在しない。

こういう受験特有の視点は、しかるべき指導者に就いて学ぶことが重要だが、実はこのような指導ですら、巷に増えてきた映像講義で対応できる。さらに言えば、市販の問題集や参考書にも掲載されている解き方である。

長文読解では、筆者の主張をつかむことや、論理的に読むことよりも、こういう視点の学びが重要である。こう書くと、受験現代文に対して虚しさを抱く者もいるだろうが、そもそも試験とは、無味乾燥な要素を持つものだ。

ここで注目すべきは、傍線部を主語、述語の観点から整理した視点である。このように文構造を把握する学習は、英語では構文学習というが、これを現代文に応用しただけだ。

そもそも英語構文という言い方は、駿台予備校が命名した受験用語で、文科省の指導要領には存在しない。

それでも英語構文という表現は受験の世界では一般的であり、ごく普通に、文法、構文、長文と並べて使われる。

前述したように、英語学習の基礎はあくまで文法だが、その後に続くのが構文理解である。よく出現する言い回しを覚え、一文一文を精密に読み解いていく構文学習は、下線部和訳には必須で、難関大学を目指すならば欠かすことのできない学習領域である。

先行して学んだ文法理論を前提に、一文を精密にとらえる訓練は、現代文の傍線部説明でも同じように使える。古文同様、英語の学習が現代文の成績向上にも役立つのだ。しかも、文法と違って、大量の知識を覚えなくて済むので与しやすい。

言語系科目の資質に欠き、小説問題で、頭の中が疑問符で満たされる受験生でも、選択肢が与えられているセンター試験ならば、選択肢を比較検討するだけで答えを導き出せる。それでいて、国立医学部ならばどこでもよい状況なら、前述のように二〇〇点満点中の八〇%、一六〇点を取れば大成功で、一五〇点でも許容範囲となる。

以上のように概観すると、英語、国語の克服に三〜四年を要することはないだろう。言語系科目を苦手とする受験生が、浪人をしても三浪、四浪にまで至らないのはこういう背景がある。浪人のほとんどが在籍するだろう受験予備校でも、同じような視点に基づく指導が行われており（よい指導者のいない予備校、塾も存在するが、それは論外）、一般的な指導で成績が向上する余地が多分にある。

基礎学力を問う設問がない現代文という科目は、視点を新たにし、センター試験の問題集を繰り返し解いていけば、多くの理系受験生が克服できる（基本的な漢字の知識に欠ける受験生も存在するが、センター試験ではそもそも書き取りではなく、漢字の問題で意味の判別が問われているだけ）。

このように言語系科目には、十分に克服の道が開かれている。起点となる科目は英語であり、その学習要素が国語にも流れ込んでいるので、労力も少なくて済む。ならば数学はどうだろうか。これは言語系科目とは異なり、その克服の過程が明らかになっておらず、努力を傾けても傾けてもなかなか報われない受験生が多い。

数学好きには理解できない境地だろうが、数学を苦手とする者にとっては、手間と時間とよき指導者の三要素が必要であり、そのうえで、数学を苦手とする者特有の欠点を是正していかなければならない。

数学が嫌い、数学が苦手、という受験生こそ、医学部受験で三浪、四浪、五浪と浪人を重ねる者たちなのである。

（4）受験数学対策

数学が簡単でない理由

数学を得意とする者にとって、数学ができない者というのは謎に満ちた存在だろう。

数学の指導者には、絶対に数学ができるようになる、と豪語する者が少なくないが、そういう指導者の指導を受けながら、成績が向上しない事例は枚挙にいとまがない（受験生が数学という科目から退去し、私大文系に向かうケースは非常に多い）。

理系受験生は、国語から退場する者が少なく、センター試験レベルならば、国語克服への道は明瞭で、実際に克服する者も少なくない。

対して数学という科目には、英語や国語とは比較にならない壁が存在している。数学を得意とする者には見えない壁だが、苦手意識を持つ者にとっては、天空にも届かんばかりの高い壁がいくつも並んでいるのである。

数学の克服が、英語や国語ほど簡単でないのにはいくつかの理由がある。

まず、数学的思考が、日常とほとんど連動していない点が挙げられる。

言語を離れて人間は生きていくことはできないが、数学で問われる思考様式は、言語のように生存に必要なものではない。

与えられた条件を整理し、問題の意図するところを正確に読み取り、観念的な思考を組み立て、見出しにくい着眼点を発見していく思考プロセスは、高度な仕事をする際の遂行過程と似ているが、日常的思考と連動しているわけではない。

また、この思考プロセスは、数字、記号、図形を介して組み立てられ、極めて限定的な世界観の中で展開されるものである。

よって、数学を苦手とする者は、特に毎日（嫌いでありながら）数学の世界に入り込む必要がある。これには相当な意欲や忍耐力を要する。

次にその勉強量である。

言語に関する学習は、年齢が進むに従って自然に語彙力が増し、そこに単純暗記を駆使した知識を加えていけば、直線的に学力は高まり、ある日いきなり成績が上がるという報酬経路が用意されている。

しかし数学は、一口に数学と言っても、その世界は多岐にわたる。

数字の操作と図形の操作は、そもそも別の資質を要するもので、分野ごとに精密な基礎トレーニングを要するが、それらは相互に連関せず、最終的に統合されるわけではない。

英語は、単語、文法、語法、イディオムの学習が、最終的に長文読解の局面で統合され、それぞれの学習分野に対する意義を把握しやすい。どの分野も疎かにできないという意識は、絶えざる反復練習を呼び込み、学習の指針を非常に得やすい。

対して数学の基礎トレーニングは、例えば学校の教科書、副読本によってなされるものだが、その代表的な副読本の総ページ数は、問題と簡単な解答・解説だけで三〇〇ページを超

写真3-4　スタンダード数学I

える分量となる。英語も同様に分量は多いが、文法理論を除いて、そこにあるのは単純暗記だけで、思考力を要する領域は少ない。

代表的な副読本（写真3-4）は、多くの基本問題と若干の応用問題によって構成されているが、この副読本の問題の正解率が五〇％を切る受験生と直面したら、数学指導者もさすがに大学受験で成果を出せるとは思えないはずである。

ゆえに数学の学習の第一歩は、教科書レベルの基本問題の克服となる。

しかし教科書レベルとはいえ、前述したように、かなりの勉強量と時間が必要であり、数学を苦手とする者は、次々と問題を解いていく数学上級者をうらやみながら、立ち止まり、とまどいつつ進むことを覚悟しなければならない。

この心境を、数学指導者や数学上級者にも理解しやすい比喩として挙げるならば、音楽が嫌い、歌が嫌い、という者に、毎日歌えと圧力をかける、あるいは絵が嫌い、絵を描くことが苦手、という者に、毎日デッサンを強いる、さらに言えば、小説が嫌い、読むのが嫌い、という者に、正統派の文学作品を毎日読め、と言うようなものである。歌も絵も小説も、数学同様、日常生活に必須のものではない。

そして決定的なのは、それだけ苦労しても、基礎分野のみの学習では微々たる報酬しかなく、即効性に欠けることである。嫌気と戦いながら、それでも学習を継続していかなければならない消耗戦なのだ。

図形認識の問題

さらに数学の障壁を挙げていこう。それは個々の受験生の資質に関することである。

例えば、図形の認識について考えてみよう。

図形の認識は、ピアノや絵画と同様、幼少時からその資質の差が如実に現れる分野である。これが苦手な受験生は、ただでさえ大量の課題に直面しながら、その克服にも時間をかけなければならない。図形認識に対する苦手意識は、学習の歩みが一層遅くなる要因となる。

例えば、単に立方体を描く作業、さらに立方体を積み上げ、上方の小さな立方体を外した図形を描く作業を想像してほしい。こういう図形認識の問題は、小学校の教科書レベルならば誰でも対応可能である。しかし難度の高い中学入試の世界では、この差が如実に現れる。

何とか中学入試を乗り切ったとしても、高校の数学に入った段階で、倦怠感に襲われることになる。

図が上手く描けない者、三次元のものを二次元に変換して描けない者（犬や人間の素描でひどい絵しか描けない者）、さらに言えば地図が読めない者――。こういう人は日常でよく見かけるが、数学嫌いだったり、数学を苦手としたりするケースが多い。

そもそも空間認識には、個々人の持って生まれた資質が大きく関わっているように思う。それでも克服したいと願うならば、その資質に欠けると自覚したうえで、強い意欲を持ち、厳しい基礎トレーニングに取り組まなければならない。

いかに数学が難しいと言っても、受験目的であれば、他教科でのアドバンテージを前提に、大きな失敗にならないレベルまで力を上げることは不可能ではない。しかし、受験者の内面的風景は相当荒涼たるものとならざるを得ない。

さらに基礎トレーニングを重ねたとしても、英語のように感動体験が押し寄せるわけではない。基礎トレーニングで得た知識は、正解を導くだけの単なる前提となるだけで、難解な問題の突破口になるわけでもない。英語では、難解な単語の意味を一つ判別できただけで、下線部和訳の問題を正解することもできるが、数学において基礎トレーニングはあくまで基礎トレーニングに過ぎず、簡単な基礎問題が解けるのみである。

補助線の発見

数学にはさらに障壁がある。それは、問題を解くうえで独特な発想を養う必要がある点だ。

これをわかりやすく小学生の学習分野で言うなら、算数の補助線の発見である。三角形の角度を求めるような問題で、解答者が独自の判断で補助線を引き、その補助線を媒介にして、ある角の角度を答える――。こういう問題は、算数・数学を苦手とする者にとって頭を悩ますものだったろう。

このような発想に欠ける者は、基礎トレーニングを行うだけでは足りず、発想力を磨くために、相応のレベルの問題を解き込んでいかなければならない。自分に欠けているものを常に自問し、演習量そのものも増やしていかなければならないのだ。

さらに悲劇的なのは、それが数学Ⅰ、数学A、数学Ⅱ、数学B、そして数学Ⅲと続くことである。数学Ⅰは、数学Ⅱより簡単というわけではなく、分野の違いに過ぎない。数学Ⅰの領域だけで、いくらでも難解な問題を作ることができてしまう（ゆえにセンター試験では、数学ⅠAと数学ⅡBは、分離した科目となっている）。

他の科目に目を移せば、コミュニケーション英語Ⅰ（高校一年時）は、コミュニケーション英語Ⅱ（高校二年時）よりも簡単で、国語Ⅰも国語Ⅱに比べて簡単である。しかし数学Ⅰは、数学Ⅱに進むうえで重要な基礎となりながら、それ自体でも難解な問題を作成することが可能なのである。

ただでさえ、量の面で厳しい基礎トレーニングをこなしながら、さらに発想を磨くための演習までこなさなければならない。しかも、それが多ジャンルにわたる。

数学を得意とする者は、これを中学から高校二年まで綿々と続けるモチベーションを持つ。だから、受験期でも慌てない。しかし、苦手意識を持つ者が、その途上で手を抜けば、たちどころに勉強が遅れ、最後の追い込みで対応しようにも、それは量の面でも発想の面でも許されない。三浪、四浪が頻発する所以である。

数学と医師の資質の関係

これだけ大変な科目で、かつ適性、資質に欠けるなら、医学部など受けなければよい、そもそも受ける資格がないのではないか、と思う読者もいるだろう。

しかし医学部入学後、この数学の資質が、国家試験突破やよき臨床医の資質の基盤となるわけではないという点が、事態を複雑にするのである。

医学部教育と最も連動性の高い受験科目は、まず生物、続いて化学、そして外国語である英語である。若干の連動性を持つのが物理で、実は最も連動性を欠くのが数学なのだ。特に弱者をケアし、多くの患者に信頼される医師になるための資質として、数学の出来のよさが必要という声はまず聞かない。

数学的思考は科学的思考の基盤ではあるが、工学部でもなければ、精密な数理的処理を求められることはない。ましてや臨床医を目指すなら、なおさらである。もちろん研究医となれば、数学の出来のよさを求められる局面もあるが、圧倒的多数の医学部生は、特に私立医学部生はほとんどが、臨床医を目指している。

ゆえに医学部受験では、数学の克服が通過儀礼のように求められているだけと言っても過言ではない。つまり数学は受験期においてのみ克服すべきものであり、入り口をくぐるための努力として求められているに過ぎないと言える。

微積ができなければ工学系の学部に進学するべきではないが、数学ができなくても医師の適性を欠くというわけではないので、医師志望を捨てる必要はない。

同じように数学克服を求められるのは、医学部だけではない。そもそも日本の大学受験は、数学ができる者を優遇する仕組みを持つ。

理工学部に進学する者にとって言語は不要かと言えば、そうではない。言語を読み解く力は、いずれの学部においても必須である（小説の読解が必要であるかどうかは、考慮すべきだが）。逆に、数学的思考が文学研究にとって必要かと言えば、必ずしもそうではないはずだ。

しかし難関国立大学受験では、文学部でも、センター試験のみならず二次試験でも数学が必須とされているところが多い。対して、ほとんどの国公立大学の理工学部における国語の試験はセンター試験のみで、難度の高い問題が出題される二次試験では、試験科目から国語は外されている。明らかに数学重視の姿勢が貫かれている。

実際、様々な高校の進学実績を見ると、生徒の数学の成績と連動していることがうかがえる。すなわち、良好な進学実績は、数学の成績が良好な者をどれだけ抱えているかで決まるのだ。

第2章で触れた、都立日比谷高校の躍進は、入学可能な地理的範囲を拡大し、数学の問題を難しくした点にあったことを思い返してほしい。高校の努力もあるだろうが、それ以上に「資質」を持つ者を選別し、迎え入れている事実の方が重要だと考えるべきである。

逆に、地方の公立進学校から医学部合格を目指し、多浪する者は多い。これは、公立高校入試では県下一斉の同一試験を採用せざるを得ず、問題が簡単になり、後の高度な受験数学に対応できないレベルの受験生でも、入学難度の高い公立高校に合格できてしまうことによる。

公立中学の学習レベルは、難しくなりすぎないように難度が調整されており、実際、それほど勉強しないで地方公立高校のトップ校に合格する者も少なくない。

その受験生が、数学に対する「資質」を持っていれば問題ないが、数学を得意だと感じないまま、言語系科目や社会などの好成績で合格してしまうと、入学後の学業成績が一気に不振に陥る。中学時代、ろくに勉強せずともよい成績が取れてしまったがために、どんどん苦手になっていく数学克服の道が見えず、迷走する事例は本当に数多く存在する。

地方公立高校で、県下一斉試験を採用しているトップ校の進学実績と、難関国・私立中高一貫校の進学実績を同じ学年で比べても開きがあるのは、数学に対する「資質」の差だと言える。

物量作戦

ならばどうすればよいのだろうか。

数学を克服できなければ、三浪、四浪した挙句、医学部受験を断念することも視野に入れざるを得ない。

よってまず意欲を持ち、数学のよき指導者を探し、かつ大量の学習時間を確保する必要がある。具体的には、数学の偏差値が河合塾の全統マーク模試で、常時六〇を超えない者は、徹底的に数学と向き合わなくてはならない。

さらに言えば、このタイプの受験生は、物理の選択を回避し、化学、生物のペアを選択しがちである。そして、生物は克服できるが、数学同様、化学の勉強ももたつくことになる。化学には、暗記を基本とする分野と、数学的思考を要する分野の二つがあるが、特に後者で、数学と同様の問題を抱えるケースが多い。

そして、これらの問題を解決するためには、ある種の物量作戦を採用する必要がある。

そもそも、数学を得意とする者と苦手とする者の違いは、どこにあるのか。

この問いを数学指導者にぶつければ、抽象的な答えがいくつも返ってくるだろう。曰く、公式の丸暗記をしているからよくない、曰く、問題の読み取りができない、曰く、演習量が足りないなどなど。

しかし、数学嫌いとそうでない者の目に見える違いは、基本問題に対する取り組みとその成果である。そもそも数学嫌いは、高校の授業の速度についていけていない。

考える間に、図形をなるべく正確に書こうとしている間に、つまらないところで迷っている間に、板書はどんどん展開していく。学習分量は数学ⅡＢにおいて爆発的に多く、進学校の数学の授業は進度も速い。気が付いた時には、教科書の基本例題を解くのに精一杯で（それすらできないまま、放置されるケースも多い）、定期テストでも刹那的な勉強を重ね、問題個々の意義や意味を汲み取れないまま、次の分野へと移行していくことになる。

こういった数学弱者に集団授業は酷である。

医学部は理系領域なので、志望者は理系クラスに在籍することになる。医学部を目指さないクラスメートは、理系ゆえに等しく数学愛好者である。医学部を志望したがために、数学の適性や資質を欠きながら、理系クラスの数学授業に参加し、手応えのないまま受験期に突入してしまう。

高校三年生になって、あるいは浪人生になって一般的な予備校に通ったとしても、問題は解決しない。講義は、誰もが基礎項目を理解しているという前提で出発し、基礎を徹底的に指導、反復するようなことはない。

数学愛好者である指導者が、数学愛好者である受験生に講義する様を眺めながら、数学弱者がまず手を付けるのが、とにかく多くの問題の解答導出過程を暗記していく学習である。特に数学指導者は、この問題の合理的な解き方はこうだ、と示し、それを再現できるように求めてくることが多い。真摯な気持ちの受験生ならば、特に浪人生ならば、数百問以上の問題の解答導出プロセスを、単純暗記のように繰り返し覚え、それを再現するよう努めるだろう。

しかし、新たな問題に直面した時に、自分の力では発想が及ばない、解けない、という心境に陥ってしまう。模擬試験でたまたま覚え込んだ問題と似たものが出題されれば、その時には好成績が出るが、次の模擬試験ではまた成績が下降していく。一所懸命に数学に取り組みながら、根本的な欠点は解決されず、次第に倦怠感が広がっていく。三浪、四浪を経て医学部を断念するのは、まさにこの流れであり、残るのは挫折感のみである。

そもそも数学嫌いが、数学愛好者に混じって講義を受けるのは間違いである。先に物量作戦と述べたのは、単に目の前の問題を解くプロセスを見せる指導者の下では、この根源的な問題が解決しないからである。この根深い問題を解決するための基本的な方法は、数学愛好者と同じ土俵に立つために、基礎領域を徹底的に定着させるところから始まる。ゆえにまずは数学副読本である。

数学副読本の基本問題、さらに基本問題から派生した少々の応用を必要とする準応用問題にターゲットを絞り、その問題の正しい解答導出プロセスを理解し、再現するところから始めなければならない。

これは、数十人単位の学校の授業、予備校の一斉授業、さらには映像講義でも不可能である。基本問題の一つ一つに対する解答導出過程を記した正しいノートを作り、なぜその解答になるのか、一点の曇りなく理解するためには、結局、個別型の指導がどうしても必要となる。

問題を解くプロセスが正しいか、なぜそういうプロセスをたどるのか、年の近い弟や妹がいるならば、自らが指導者になって説明できるまでの理解が必要で、そのためには解けない問題、納得できない問題を解説してくれる指導者が傍らにいなければならない。

もちろん、家庭教師や個別指導型の塾が現在数多く存在しているので、こういう指導を現に受けている、という受験生も少なくない。しかし、こういう指導を受けている者が、数学愛好者になったかというと、そうとは限らない。正しいノートを作成し、理解しただけでは、学校の定期テストには対応できても、長期的なスパンで見れば、結局忘れてしまうからである。克服のための学習は、理解だけではまだ足りない。

数学は、前段で習った範囲が、後で基本的な前提として出てくるという性質を持っている。高校数学は因数分解から始まる。その因数分解は、当初は主たる学習領域として定期テストの範囲となるが、後には正解を導くための一つの道具に変わる。因数分解でつまずくと、後の難解な学習分野が理解できないどころか、基本的な解答導出の一プロセスで止まってしまうことになる。

速く正確に解く

今取り組んでいるテーマが、後の一パーツに過ぎないならば、どの段階でも理解だけでなく深い定着が必要となる。そしてそのためには、タイムアタックが不可欠だ。つまり、ただ解くだけでなく、速く（当然正確に）解けるレベルにまで到達しなければならない。

事実、数学愛好者にして数学で好成績を修める者は、教科書レベル、副読本レベルの問題と相対した際に、考える前に手が動き、正しい過程を経てあっという間に正解に至ることができる。

数学愛好者はこの基盤の上に立って、授業や講義を受ける。指導者側も、こういう学力層であることを前提に授業を進めていく。もちろん基礎的な授業や講義もあるが、それが集団を対象にしたものである以上、そして時間に限りがある以上、そこで展開されるのは、提示された問題に対する〝華麗な〟解き方や考え方である。それだけでは、数学を苦手とする者にとって多くの謎が残ったままであり、その謎に一つ一つ答えてくれるわけでもない。

しかも、数学嫌いが基本問題を前にしてとまどうのは、基礎的なレベルの、解き方のポイントに対してではなく、もっとつまらない、一言で解決するような稚拙なレベルの疑問の場合が多い。

この疑問に対する答えを与えるために、傍らに指導者がつく必要があり、さらに、これを完全に定着させるために繰り返し問題を解かせ、素早く解けるレベルにまで向上させねばならない。

高校の定期テストならば、こういう体制を作り、解き方を指導し、定着させる作業をさせれば、成果を出すことができる。その問題がたまたま模擬試験に出題されれば、そしてそれが、まだ甘い受験者層が多く存在する高校二年生の模擬試験（数学嫌いが数学から離脱せず、まだ残っている）ならば、例えば河合塾の全統マーク模試で、偏差値六五程度まで行くことは十分に想定できる。

あとは、いったん定着した解き方を忘れない作業が必要である。そのためには単に繰り返し解くだけでなく、当初七分で解けた問題を五分、四分と時間を短縮して解けるようにしなければならない。

数学愛好者は、見た瞬間に手が動き、正解に至る。数学嫌いはそこまで行かずとも（行った方がよいが）、よどみなく手が動き、迷いなく、正しい過程で正解にたどりつけるようにしなければならない。そのためには、指導者が個別に対応する時間が必須であり、それは解き方の指導と同時に時間管理を行うことも含まれる。

非常に過酷な勉強だと思う。数百にも上る基礎的問題群を正しい過程で解き、さらに解く時間も短縮させていくのである。この勉強が、数学ⅠA、数学ⅡB、数学Ⅲと続く。それぞれの分野を理解しながら、前に習った問題を解く時間を、さらに短縮させていく反復作業が求められる。日々ずっと数学に取り組むことが求められ、たとえ他の科目の進捗に支障をきたしても、やり続けなければ努力は水泡に帰し、また振り出しに戻ることになる。

数学の学習はここでは終わらない。

基本問題を正しく素早く解けたとしても、それは数学愛好者たちが高校一年生、高校二年生の段階ですでに済ませていることである。つまり、ここに至っても、数学愛好者と席を並べて授業や講義を受けられるようになったというレベルに到達したに過ぎない。

基本問題や準応用問題を完全に解ききったとしても、センター試験数学で確実に八〇%を取れる学力が身についているわけではなく、偏差値も五〇台後半に到達できるかどうか、というレベルである。ここから、本格的な数学指導の幕が開くという段階に過ぎない。

受験科目が少ない私立医学部受験者にしても、これを英語や理科の勉強と並行して進めなければならない。しかし、これをやりきれば浪人の出口が見えてくる。

数学指導者

数学の基礎レベルの定着を果たした後に、しかるべき数学指導者に就ければベストである。ただ注意が必要なのは、こういう叩き上げの受験生に対して、数学愛好者が好む指導者が合うとは限らない点だ。

もちろん基礎が固まっていれば、理解度、定着度が上がり、数学という科目も嫌いではないというレベルにまでは到達する。多くの数学指導者は、こういう層に効果的な指導を行うことが得意だが、中には、多くの問題を散漫に解き、その解き方を覚えろと強要し、物量と慣れで無理やり問題を解決しようとする指導者も存在する。一通り指導をして、「あとは慣れだ、とにかく問題を解け」という指導者は、質のよい指導者とは言えない。

よい指導者は、多くの入試問題にあたり、覚えるべきエッセンス（基本的な公式といったものではなく、難問を解くうえで必要となる考え方を指す。そして、これを覚えてこない者には叱責をためらわない）をまとめ、それを定着させたうえで、実践的な問題を具体的に提示できる。このエッセンスにより、数学の応用的発想が養われていく。そのためにはやはり、考え方のエッセンスと課題となる問題を、的確に提示できる指導者の指導を受けるのが、より効果的である。

いずれにしろ数学嫌い、数学の成績が低空飛行している者は、数学愛好者と同じ土俵に上がり、勝つまでは行かずとも引き分ける程度にまではなっていなければならない。

数学嫌いは、英語で成績を伸ばすタイプが多いので、数学で若干の負債が生じても、「英語と生物でひっくり返してやる！」くらいの気概を持つことが重要である。

生物選択者には、化学が課題として残るが、より量の多い、難解な思考が求められる数学を克服したならば、理科克服の道は遠いものではない。

（5）受験理科対策

どの科目が成績を上げやすいか

医学部受験の理科は、物理・化学のペアで臨むか、化学・生物のペアで臨むか、二分される。概ね数学愛好者は、暗記中心の生物を嫌い、物理・化学選択となることが多い。物理は数学の世界と地続きで、数学の基礎を固めたうえで物理に進むと、受験の最終局面で偏差値がほぼ同じ水準に収斂することが多い。

数学と物理の偏差値が共に五五を切っていると、数学はできないが物理はできる、物理はできるが数学はできない、というアンバランスな成績になりがちだが、一般的に、偏差値が上がれば上がるほど同一水準に落ち着いていく。

実際に数学が得意、好きという者で、物理が苦手だという者は、相当に少ない。それどころか数学愛好者は物理を難なくこなし、短時間で卓越した成果を叩き出す。数学と物理は兄弟姉妹のような関係にある科目で、数学を制することはそのまま物理を制することに直結する（もちろんよい参考書、よい指導者は欠かせないが）。

では、化学はどうか。

多くの受験生が、理科二科目のうちに化学を選択するのは、化学が数理操作と単純暗記の交差点にある、文系・理系の境界線上に位置する科目だからである。生物ほど暗記の色は濃くないが、単純暗記に近い作業が求められる学習領域が存在する。同時に、それほど高度な数理的思考を要するわけではないが、典型的な理系思考も求められる（化学式は「式」の問題であり、モルや濃度の計算は数学領域である）。

一方生物は、理系受験科目の中で異彩を放っている。それは数理的操作がほぼ求められず、単純暗記で高得点が得られる科目だからである。仮に、試験会場に教科書と資料集を持ち込むことが許され、時間も無制限ならば、満点に近い点数を取ることもできるだろう（日本史や世界史なども同様である）。

以上の特性を踏まえ、理科は化学を中心に、数理操作が好きなら物理、暗記歓迎なら生物という構図ができあがる。理系受験生の理科二科目選択において、物理、生物というペアがほとんど出現しないのは、求められる思考や努力が、極めて対照的な科目だからである。

そもそも理系受験生は、単なる好き嫌いで科目を選択しない。工学部の機械科に進むなら物理が必要だろうし、農学に進むなら生物は必須だ。本来、理科は、志望学部と強く連動するはずである。

しかし医学部は別である。入学難度の高い医学部では、入った後の心配をするよりも、まず入ることが大きなテーマとなる。医学部の学部教育と最も連動する受験科目は生物だが、生物を避け、物理・化学選択で受験することが、ほとんどの医学部で認められている。

大学入学後、生物を選択しなかった者は、医学教育の前提となる生物学の基礎知識の欠落に苦しむことになるが、それも入学が叶わなければ、する必要のない心配である。

難関の医学部入試では、まずは何よりも合格することが重要で、そのために重視されるのが、いずれの科目が成績を上げやすいかという与しやすさ、好感度の観点である。

難易度の差

好感度の観点で科目を選択することが、合否を分ける大きな要素になることが、私立医学部の入試では起こりやすい。

例えば、私立医学部の入試問題では、物理と生物の難易度に大きな差が生じることが多い。理科二科目のうち、化学はほとんどの受験生が選択しているが、物理と生物は二分され、一方の科目が異様に簡単、異様に難しい、ということがごく普通に起こる。

これはセンター試験でも国立二次試験でも起こりうるが、その差が著しく乖離することは少ない。大きく乖離した場合、センター試験では得点調整が入る。

しかし私立医学部の入試では、この選択科目間の難易度の差が調整されず、そのまま反映される大学も少なくない。得点を偏差値に換算する工夫をしている大学もあるが、ある特定の科目の選択者に、合格者が偏る場合も少なくない。

こういう状況があるので、国立医学部の中では与しやすい、地方の国立医学部を狙う受験生が、私立だと見くびって受験すると、この難易度の波に飲み込まれ、簡単に不合格になることがある。私立の発表は数日後には出るので、そこで不合格の現実に直面し、メンタルコントロールが困難になる場合も多い。

また、この難易度の問題は、大学ごとに傾向がある場合もあるが、年度・科目を超えて気紛れに起こる場合も多い。例えば、前年に良問（模擬試験のような問題）だった英語が、いきなり簡単になる、あるいは過去問と似ても似つかない問題が出題される、といったアクシデントは、私立医学部では避けられないものと考えた方がよい。

実際に、数学を得意とする者が、その年だけ数学の試験が非常に簡単になったため、長所である数学で抜きん出ることができず、思わぬ敗戦に至ってしまったこともある。

一方、数学を苦手とする者が、その年だけ数学の難度があまりに高く、受験生が総崩れになったため、出来が悪かった、不合格だと落ち込んでいるところに朗報が飛び込んでくる、などということもある。

英語は、比較的過去の問題を踏襲することが多いが、数学や理科の選択科目間の難易度の揺れは、中堅以下の私立医学部では一般的に起こりうる。これが合格者像を大きく攪乱する要因になる。

事前の成績がもう一歩でありながら、幸運が重なって合格を果たす者も多くいるし、模擬試験でA判定を連発しながら不合格の連鎖に陥る者も少なくない。受験前半に意外な不合格通知を受けて、そのままメンタルコントロール不能となり、総崩れする光景も珍しくない。

そもそも模擬試験は、適切な問題と適切な時間によって構成される、良問ばかりである。加えて、模擬試験を主催する予備校の在籍者にとっては、講義との連動性が高く、よいスコアが出やすい。

模擬試験の良問でA判定ということと、実際の入試問題で合格ということは、特に私立医学部では直結しているとは言い難い。模擬試験の判定はよいに越したことはないが、実際の入試では、問題構成に対して得意不得意の波長が合い、かつ選択科目で与しやすい問題が出題されるという条件が揃って、初めて合格通知を手にすることができる。こういう理由で、上位私立大学に合格し、下位私立大学に不合格になるのは、ごくごく普通の出来事である。

出題に大きな波がある私立医学部では、大学の難易度より、あたかもチューニングが合うかのような問題との調和が、合格の条件と言っても過言ではない。私立医学部を目指す者は、出願校が一〇校にわたることも珍しくないが、それは、このチューニングが合う問題と遭遇する可能性を高めるために、必須であるとも言える。

いずれにしろ、英語であれ、数学であれ、理科であれ、その学力向上の道を適切にたどっても、個々の受験生において、得意・不得意科目が出現することは避けられない。また、受験の難所は、学力だけにとどまるものではない。

ここまで述べてきたように、合否には運も大きく関わるが、運をたぐり寄せるためには、不得意科目の克服を避けてはならない。与えられた時間と学習の指針を見つめ、かつ学習の指針をそれぞれの局面において見直し、厳しい勉強を日々重ねていく必要がある。

そのためにも、まずは中核である数学と英語を共に良好な状態に置き、言語系科目、数理系科目両方の思考を定着させる必要がある。

理科の克服は、この思考の定着が前提となることを忘れてはならない。

（6）心を整える

勉強の方法論以外の重要なポイント

以上、様々な科目について、それを苦手とする者を基準に解説を加えてきた。すべてを合わせると、その勉強量は凄まじいものだとわかる。

そもそも受験勉強に対する資質の高いごく一部の者は、これを苦もなく乗り越えていくが、ほとんどの受験生にとって、一般受験で成果を出すには、本書で述べた激しい勉強が必要となる。

部活動などに邁進し、学校レベルの勉強がすでに疎かになり、偏差値も全くふるわない受験生は、まず浪人を覚悟した方がよい。ましてや勉強に対する意欲が湧かず、心も頭も動いていない状態で親の前だけで勉強しているふりをする者は、この修羅のような浪人の世界から抜け出すことはできない。

ゆえに、誰かに言われないと勉強できない受験生、横に監視がついていないと勉強ができない受験生（このような状態にあるだけで、成果は出ない。強制による学習で克服できるほど大学入試は甘くない）は、根源的な自己変革が必要である。

意欲がないまま予備校に入れ、家庭教師をつけ、個別指導に参加させても、結局はすべて不毛な教育投資になるだけである。少なくとも、英語の文法、単語、イディオム程度の学習領域を克服できない者、克服しようとしない者は、いたずらに医学部など狙わない方がよい。親も子供もただひたすら消耗するだけである。とはいえ、親からすれば、いつか覚醒するのではないかと、期待をかけたくなるものである。

子供の気持ちが変わり、意欲的に勉強に取り組むような激変が訪れることは、あるのだろうか。

それが一つだけあるとすれば、繰り返しになるが「時間」である。それには三年の時を要すると考えた方がよい。

一浪、二浪は、医学部以外の受験生でもありうる。しかし三浪となると話は別である。ここまで来れば、医学部に合格しなければ向かう先がない、ということを子供は痛感する。

ここまで追い込まれた状況に至って、初めて勉強と向き合い、自らの意志で一心に取り組むようになるケースは少なくない。甘さを戒め、一心不乱に勉強に取り組むようになったのは、二浪の終わり、三浪にかけて、という受験生は意外に多い。

そもそも受験勉強に対して忌避感を持っていた子供が、急に思い立って勉強を始めても、数字に現れない内面の成果や手応えを得るだけでも、最低三カ月程度の時間は必要である。その間じっと耐え、少しずつ実感が湧き、その実感を大切にしながら勉強を継続しても、医学部合格までは、ここから早くて一年、通常二年はかかる。つまり四浪の末に合格ということである。ここに至っても認識が変わらなければ、結局、歯学部、薬学部に流れ、受験を終えるしかない。

しかし一度決意し、自己変革に向けて動き出したならば、話は別である。そしてこの自己変革は、勉強の方法論だけでなく、生活を整える方向にも向かわなければならない。現代の生活には、勉強を邪魔する誘惑がいくつもあり、まず、それを自らの意志で排除していくことが合格の前提となる。

かかっているのは自分の人生だという自覚

超難関国・私立の在籍者の中には、部活を精一杯やりながら、少ない勉強時間で大きな成果を出す者が少なくない。また、自ら律しなくとも長時間の集中を持続できる者も多い。

しかしそうでないならば、そのことを自覚したうえで、度重なって襲ってくる嫌気と格闘しなければならない。そのために最も重要なことは、よい睡眠を取ることである。特に受験勉強は記憶の集積が最も肝要であり、それを効果的に行うために寝不足は厳禁である。なるべく深い眠りを得られるような生活習慣を構築しなければならない。

記憶、暗記は、短期的なものならば誰でもできる。しかし、その記憶を長期記憶にしていくためには、覚醒した状態で集中して取り組み、時に音読し、かつ絶えざる反復を実行しなければならない。睡眠不足や連夜の浅い眠りは、これらを阻害し、結局、傾けた努力を無にしていく。当然、寝る直前の動画視聴、スマートフォンゲームなどもご法度である。これは自分の努力を踏み潰すような悪癖と言える。

寝る直前のスマートフォン使用が、眠りを阻害するのは、巷間よく言われていることである。事実、目が冴え、眠れなくなった経験を持つ者は多いだろう。逆に、軽い運動はおすすめだ。勉強漬けのストレスは軽い運動で解消でき、特にふさぎ込むタイプの受験生には必須である。特に浪人生は、学校の体育の授業がないことから、日常的な軽い運動は欠かせない。

結局、親がどれだけ力を尽くしても、どれだけ監視の目を強化しても、個室の中にスマートフォンがある状況では、いくらでも勉強の逃避が可能になる。それで親がスマートフォンを取り上げれば、勉強以前に親子関係が悪化してしまう。

行動心理学では、成長すればするほど、持って生まれた資質の影響力が大きくなると言われる。しかしこれは、成長すればするほどというより、競争のレベルが高くなればなるほどと考えた方がよいと思う。

第2章でも述べたが、幼児教育から中学初級のレベルまでなら、親の強い指導で成果を出すことができるだろう。しかし難関中学の選抜試験や、高度な技能を要する仕事の世界などは、本人の資質が大きく関わってくる。その競争の世界に参入したいならば、自らの資質を見つめ、強い自覚の下で、欠けているものを埋めていく努力をしていかなければならない。

大学入試の世界も全く同じである、本人の気持ちがそれほど乗っていない状況で、いくらよい指導者を配しても、いくら費用をかけても、あるいは叱責しても、スマートフォンを取り上げても、成果を上げることはできない。

かかっているのは自分の人生だと自覚できないならば、それゆえ勉強の成果が一向に現れなければ、志望の変更をした方がよい。特に私立医学部受験の世界、倍率三〇倍を超える世界は、そういう競争の場である。

そもそも医師とは、多くの人間の命を預かる仕事である。これを厳しいと考える者に命を預けようと思う者がいるだろうか。心を整えることは、その後の職業人としての資格にも関わることである。

試験に臨むメンタルコントロール

この心を整えるということは、日常の勉強だけでなく、試験に臨む際のメンタルコントロールにも及ぶ。日々心を整えても、実際に試験を受ける現場で、あるいは試験の結果によって、想像を超える心理的な大波が襲いかかってくるからである。

例えば、試験を受けた後に、「できた」などと言うことは厳禁である。言うだけでなく思うことすら許されない。自分が「できた」ことと合格は全く関係ないからである。逆に試験中に「できた」と思った瞬間、甘えが顔をのぞかせ不合格への道が開かれてしまう。

事実、受験後の結果が出る前に「できた」「大丈夫」と言い募る者の大半が、不合格通知を受け取っている。受験生の試験後の感想など全くあてにならない。

なぜこういう現象が起こるのか、それはおそらく簡単な理由で、「できた」と言う時は、他の受験生も「できた」というだけのことである。そして、「できたから大丈夫」と考えることと、「できたけれど、他もできているだろう」と考えることは、天と地ほども違う。

前者は気を抜いて上機嫌になるが、後者は、他もできているならば、つまらない失点が命取りになるだろうと考え、試験時間内は見直しに全力を注ぎ、試験後は自分が気付かなかったケアレスミスの存在に震えることになる。

端的に言って、前者の受験生は自分に甘く、ゆえに見直しも甘くなるのである。

しかしこれは、逆もまた真なりである。試験時間中には様々なことが起こる。例えば、事前に時間配分を練っていても、破綻をきたすこともある。この時、焦ってパニック状態になり、冷静な答案作成ができなくなるが、これは愚かな反応と言える。なぜなら、自分がパニック状態になっているならば、他の多くの受験生もパニック状態になっている可能性が高いからだ。しっかり準備をして、それでも想定を超えるパニック状態がやってきたならば、それは誰にでも訪れている可能性がある。

問題の傾向の大幅な変更、想定を超える難度の高い大問が前半に置かれている――こういうことで、受験生は簡単にパニック状態に陥るが、それは同時に、同じ試験を受けている誰にでも等しく起こりうることである。であるがゆえに、パニックに陥った時こそチャンスだととらえ、いち早く冷静になり、できる問題を探してそれを優先的に解いていく戦略を選択すべきである。パニックを誘発するような問題に出合うと、学力競争の側面と同時に、いかに冷静になるかという側面が問われることになる。

私立医学部には、意図的にこういう底意地の悪い出題戦略を採用する大学も存在する。しかしそれによって、医師の適性として必要な冷静さを問うことができるのならば、納得の出題である。

いずれにしろ、試験はスポーツの試合と同じなので、そのメンタルコントロールは非常に重要である。特に私立医学部のように落ちることが基本という倍率の高い試験の場合、受験生の受験後の感想など、合否に全く結びつかない。親も絶対に「できたか」などと聞くべきではない。そもそも答えようがなく、子供をとまどわせるだけである。

安易な楽観は禁物

このメンタルコントロールは、受験の直前と直後にも鋭く問われる。

塾や予備校の指導者の中には、安易に「君なら大丈夫だ」「絶対合格すると信じている」と言い放つ者が多い。これは、医学部以外の学部の志望者に対してならば、それほど害はない。日本の大学入試では、医学部と獣医学部受験者以外は、滑り止め大学の確保が可能で、何かしらの合格通知を受け取ることができるからだ。しかし医学部入試では、安易な励ましは受験生のためにならない。合格への期待を高めることは、不合格だった時の反動があまりにも大きくなるからである。

国公立医学部にしか進学できないという者は、失敗すれば一年後の再チャレンジとなり、私立医学部に絞った受験生でも、一〇以上の大学に出願をして不合格というのは、ごく普通のことである。

しかし受験生は、何かしらすがれるものを求める。どんな受験生でも、それなりの努力はしており、多くの医学部志望者は中学入試や高校入試でそれなりの成果を出している。こうした思いや経験が、何とかなる、どこか受かるだろうという盲信を呼び、失敗に終わった時の心理的な反動が大きくなる。

昨今の子供は、精神的に弱くなったと言われる（その真偽は不明だが）。昔と一つ異なるのは、二〇世紀の受験では、浪人はごく普通の風景だったということである。しかし現在は、医学部以外の学部ならば、浪人せずどこかに入ることができる。そんな中、医学部受験生の多くは、友人たちが大挙して現役で進学するのを横目に、浪人が決定していく。精神的にも応える状況だろう。

自分の学力を冷静に測り、これではダメだ、浪人だと自覚していれば、不合格が確定した段階で、翌年に向けて走り出すことができる。しかし、安易な確信はいつのまにか盲信にすり替わり、不合格通知を前にして、絶望の淵に立つことになりかねない。

ゆえに、医学部入試に関わる学習指導者は、絶対に大丈夫だという発言どころか、そういう思いすら抱くべきではない。

これは親も同様である。同じような学力層の受験生が鎬を削っている医学部受験に、仮に一枚落ちる学力で臨んだら、確実に落とされる。幸運なサプライズ合格は、絶対ないとは言えないが、基本的には存在しない。安易な期待や希望は禁物である。

では、指導者や親は「落ちる」と思っていなければならないのだろうか。それはあまりにも奇妙で、酷である。

そこにあるべき思いは、「現時点での力を出し切る」ということ、これである。指導者も親も、そして受験生本人も、合否はその先にあるものだと自覚しなければならない。その思いさえあれば、仮に不合格となっても直ちに立ち上がり、勉強を続けていける。

落ち込んでいる時間はもったいない。激戦の医学部合格者像として非常に重要なのは、不合格後の三月初旬から、早々と勉強に取り組む姿勢を持つことである。落ち込んで気持ちを立て直す時間など、さらなる浪人を呼び込む負の要因にしかならない。本当に医師になりたければ、立ち止まることは許されない。そのためには、受験生も親も、自己を律するメンタルコントロールが必須となる。

難関の国公立医学部受験、そして爆発的な倍率の私立医学部受験とは、そういうものである。

終　章　合格通知の向こう側

（1）医学部受験に闇はあるのか

裏口入学

受験生の減少によって、大学に合格しやすくなっている状況下で、医学部だけ志望者が増加し、その勢いはとどまることを知らない。特に私立医学部は、浪人する受験生が滞留して難化し、親世代の入試傾向と完全に様代わりしている。厳しい勉強をしても合格できないとなると、親は不安と疑心暗鬼にかられ、信憑性のない噂話にふりまわされることもある。

医学部入試は、ドラマやコミックの世界で、裏口入学が行われている場として描かれることが多い。また、インターネットで「医学部　裏口入学」と検索すれば、実際に問題となった裏口入学事件や、虚実入り混じった都市伝説的な噂を確認することができる。

事実、入試が終わった三月には、合格者に対して「あれは裏口」などと根拠のない噂が立ち上る。嫉妬を媒介にこの噂は広まり、あたかも私立医学部には裏口ルートが用意されているかのような話にまで拡大していく。

しかし、こういう話は、信憑性を欠くものばかりである。本当に裏口ルートがあったとしたら、現代のような情報化社会でその秘密を保持することは難しく、いったん露見すれば、学長辞任、学部長辞任では済まない、大きな反響と混乱を呼び起こすことになる。私自身、こういう噂を耳にすることはあるが、すでに噂として流れている段階で、信憑性のない話だと考えてよい。

もし、よかれと思って親がそういう邪《よこしま》な話に接近したとしても、詐欺被害に遭うだけである。こういう噂話を聞いても浮き足立たず、真に受けないのが定石である。

コンプライアンスにうるさい現代社会では、大学も信憑性のない話を打ち消す仕組みを構築している。特に疑いの目が向けられやすい私立医学部では、ほぼすべての大学で、英語、数学、理科などの学科試験を行う一次試験と、一次試験を潜り抜けた者たちが臨む小論文、面接の二次試験を分離して実施している。

もちろん、私立大学には独自の歴史があり、大学と近しい関係者が存在するのは確かだ。そういう者たちが、自らの子弟が合格するよう働きかけることはあるだろう。しかし一次試験を突破しない限り、こういう働きかけは意味がない。なぜなら、点数によって結果がはっきり出る一次試験で採点官が不正に順位を繰り上げることは、内部密告や関係者からの露見のリスクがあり、事実上できないからだ。

かつては面接や小論文を学科試験と同日に行う私立医学部も多く、これは不正の温床となる制度だったと言わざるを得ない。主観によって得点が揺れる面接や小論文を一次試験と並べて実施すれば、採点官による不正を招きかねない。仮に面接を満点とすれば、学科の不利を跳ね返すことができてしまうからである。

しかし、様々な観点から、誤解を招きかねない試験制度は改変され、それゆえ、根も葉もない噂が立つことすら嫌う大学がほとんどである。

そもそも親の出身大学を受験する受験生も多く、それに一つ一つ裏口ルートで対応したら、確実に悪事は表面化することになる。

もちろん、一次試験を突破した受験生が、その大学が自分の親の出身大学であることを面接でアピールすれば、大きなアドバンテージになる場合が多い。私立大学の中には、ファミリー意識を大切にするところもあり、一次試験を突破した者の中で出身者子弟を一段高く評価することは、十分に考えられる。これは面接の評価軸の一つとして、妥当ではないだろうか。

出身者の子弟優遇とは異なるが、受験前の段階で、点数以外の要素を加味する私立医学部も存在する。例えば、多浪や再受験を嫌い、それを評価の軸に据えるところだ。点数から離れた評価なので、不当だと思う向きもあろうが、それが傾向として明白ならば、これもまた妥当だと言わざるを得ない。それがどこの大学であるかは、各所で推測交じりの情報が行きかっているが、多浪や再受験を嫌う私立医学部が存在するのは公然たる事実である（国公立医学部では、こういう評価軸は存在しない）。

私立大学は国公立大学と異なる指針を持つがゆえに、教育の多様性を担う一翼となることができる。特定の受験生を優遇することは許されないが、合否の基準として、独自の要素を持つのは必然だとも言える。

逆に、ファミリー意識や浪人年限を評価の対象とすることすら拒絶する私立大学もまた多い。二次試験では、あくまで個々の人物重視を貫き、関係者やＯＢ、ＯＧの子弟である程度のことは、評価すらしない大学も少なくない。前にも述べたように、私立医学部では一次試験突破者が団子状態でひしめいているので、誰を評価するかは個々の大学の基準に委ねざるを得ない。

もし仮に、一次試験突破後の二次試験が、関係者の介在によって有利に働くことがあったとしても、数多く受験する中で、やっと得た数少ない一次試験合格大学に、首尾よく関係者がいる可能性は低い。

繰り返し述べるが、点数を操作するような不正は、国公立大学でも私立大学でも原理的に不可能である。よって、「闇があるか」と問われれば、「ない」と断じることになる。

不正入試は、医師国家試験の合格率を押し下げ、発覚すれば学長辞任では済まず、大学そのものの評判が地に落ち、かつ文科省からの補助金が大きく削減される事態に発展しかねない。

もし仮に邪なルートが存在するとなれば、それは大学の存亡を揺るがすような事態に発展する不正行為である。このように考えると、学科試験の点数を前提とする医学部入試は、その公平性を保つ仕組みとして必須のものと言える。

二〇二〇年以降の入試

しかし現在、点数のみで入学者を選抜する試験が、議論の対象となっている。巷間言われている新テスト導入による制度変更がこれにあたる。二〇一八年四月に高校一年生となるお子さんを持つ家庭では、この新制度がどのようになるか留意する必要がある。

現段階では、センター試験に代わる新テストで記述問題が導入されることが決定している(センター試験は、選択肢が用意されている完全マークシート方式)。しかし、全体像はまだ混沌としており、明確ではない。

ただ文科省が、国立大学の二次試験で、現行のような点数を基準とするペーパー試験を排斥することを目標としているのは確かである。紙の試験に代えて、課外活動、学部適性試験やコンテストの実績、検定試験の実績、面接などを軸にした試験への転換を視野に入れているのだ。

この指針に対して、国立大学は非常にとまどっているが、この転換が本当に実現するのかどうか、該当する世代の子供を持つ親は注視しなければならないだろう。

対して私立大学は、現在はこの転換に距離を置いており、私立医学部がどのような対応をするのか不明である。現行のセンター試験では、私立大学もセンター型入試を用意し、その多くがセンター試験を何らかの形で活用しているので、一律ペーパー試験廃絶という指針は、受け入れられることはないだろう。それでも今後どのような制度になるか、現在明言することはできない。

今後、少子化が進むと、現在のような選抜試験は、受験者が減って競争が緩和され、どんどん合格レベルが下がっていくことが予想される。また紙の試験中心の現在の制度は、様々な観点から批判があり、それらには説得力のあるものが多い。

しかし国公立であれ、私立であれ、医学部に限っては、紙の試験を新テスト一本に絞り、二次試験に採点官の主観が入る評価基軸を導入すると、今でさえ囁かれる不正に関する噂が、入学試験の時期になるたびに噴出することになるだろう。公正さを担保するために、大学医学部は制度を改変してきたが、それが無に帰することを許容するとは考えにくい。

米国の医師養成システムは、いったん別の学部に入学した後、改めて選抜する形態を取っているため、大学での講義受講履歴や成績が重視される。ペーパー試験一つで進学が許されるわけではない。

しかし、国公立大学と私立大学が併存し、私立大学の独自性を大切にする文化を持つ日本では、こういう医師養成システムへの変更はまず不可能だろう。よって、ペーパー試験への対応力を身につける努力は怠らない方がよい。

英語への対応

ただし英語だけは別である。現在の入学試験における英語は、センター試験、国公立二次試験、私立大学いずれも、「読む」偏重になっている。

しかし、現在多くの大学で、「読む」「書く」「話す」「聞く」の四要素をしっかり問う検定試験の実績を入試の審査基準に導入し、一定の実績を持つ者は入学試験での英語を免除する制度を導入している。特に私立大学ではこの動きが加速しており、今後拡大していくことは避けられないだろう。

こうなると、現在のような追い込み型の受験英語対策は難しくなる。四要素を問う検定試験で良好な成績を取るためには、かなりの期間が必要で、第3章で紹介したような受験英語克服のプログラムが成立しなくなってしまう。出遅れれば、受験期の段階ですでに手遅れという事態になりかねない。

よって、現在中学生で、難度の高い大学をいずれ受験することを考えているならば、四要素を問う資格試験に積極的に挑戦できる高校を選んだ方がよいだろう。英語教育は、特に経済成長を遂げたアジア全域で活発化しており、当然それは「読む」力だけを求めるカリキュラムではない。日本の受験英語の指針転換は、アジアの教育熱が加速すればするほど、実現に拍車がかかるだろう。

いずれにせよ、試験制度であれ、英語試験であれ、現在は制度の転換期で、その動きを注視していかなければならない。私立医学部においても、制度が大きく転換することは絶対にないとは言えず、混乱する状況が訪れないとも限らない。少なくとも心の準備はしておくべきだろう。

（2）医学生の生活

入試より大変な学部教育

ここまで、いくつかの角度から、受験生が医学部に入学するまでの様々な局面を取り上げて論じてきた。実際に医学部に入学した後も、一人前の医師になるまでには一〇年以上を要し、楽な道が用意されているわけではない。初年度は、比較的ゆったりとしたカリキュラムの下で学部教育が進んでいくが、学年が上がるにつれ、他学部とは比較にならないほど厳しい進級基準が待っている。

多くの私立医学部では、学年配当単位を一単位でも落とせば、留年が確定するのが通例で、試験でふるわなければ追試が重なり、それでも単位を取得できなければ教員の温情などなく、即留年となる。時間と学費を失い、その損失は計り知れない。

また、各私立医学部では推薦入試を実施しているが、推薦入試を経て大学に入った者は、周囲が厳しい一般入試を潜り抜けて来た者ばかりなので、大学の講義や課題についていけなくなることが少なくない。

物理選択者は、生物を履修していないため苦労する局面があるが、一般入試の厳しい勉強に比べればずっと軽いものである。しかし、厳しい一般入試の洗礼を受けていないと、講義や課題のペースについていけず、留年の危機に瀕しやすい（あくまでもそういう傾向があるということに過ぎないが）。

また、入試で燃え尽き、改めて厳しい医学部教育を受ける心の準備が整わず、迷走してしまう者も少なからず存在する。さらに超難関国立医学部の在籍者の中には、医学を志すというより、優秀な者は医学部に行くべきだろうという価値観で入学し、これまた迷走してしまう者もいる。

入学してわかることは、医師とは、常時更新される医学情報や医療機器に積極的に関与し、チーム医療のリーダーとなり、さらに文字通り患者一人一人の命を預かる重責を自覚し続けられる者でなければならない存在だ。そして、そうであるからこそ厳しいカリキュラムは当然の前提であり、学部教育は労力の点で入学試験を凌駕する努力が求められるとも言える。

六年の教育の中で、多くの医学生はこれを自覚するようになり、葛藤の中で自立の道をたどっていく。しかし、ただ医学部に入ればよいとする価値観の中で受験時代を過ごしてきた者は、医学生であることすら断念せざるを得ない心理的危機に直面する可能性がある。これは親もまた同様である。

昨今の高校生、受験生、特に医学部志望者には、親の過干渉が悪い形で影を落としている例が多い。医学部に入ればよいという価値観は、二次試験の面接で淘汰される要因になり（人物重視の厳しい面接なら、ほぼ間違いなく面接官に見抜かれる）、首尾よく面接試験を潜り抜けて合格しても、厳しい学部教育の中で挫折に至ることにもなりかねない。

そもそも医師養成は国策であり、医師免許取得者の数は、医学部入学試験の段階で厳密に管理される。特に私立医学部は、補欠合格を一人一人出し、定員通りに入学者が揃うよう対応する。そうであるにもかかわらず、医学生として学部教育を受ける最低限の精神的強さに欠け、中退していく者が頻発するとしたら、それは学内で大きな問題となるはずだ（欠員は編入試験で調整する）。

このように考えれば、親は学力向上だけを気にするのではなく、子供はやがて自立する存在だと強く自覚したうえで、サポートする必要がある。

医学部に入ることと医師になることは直線的につながっているが、その線をたどれない医学生になることは、本人にとっても親にとってもあまりにも辛いことだろう。

（3）現代において医師になるということ

医師の未来

医学部入学を熱望する受験生と相対していると、その真摯な姿勢に心打たれることが多い。それはやはり医師という仕事が、弱者に寄り添い、奉仕を基軸とするものだということを自覚しているからだろう。

「とにかく医学部」という親を尻目に、子供の方がずっと冷静に医師という仕事に向き合おうとしているケースも多い。大人が思う以上に、医師という仕事のよき面も悪しき面も十分に認識しているような印象を抱く。

しかし医師という仕事に関する限り、明るい未来が待っているわけではない。世界に冠たる国民皆保険制度は危機に瀕しており、少子化が続く限り、医療費に対する視線は今後ますます厳しくなっていくだろう。自己負担率が上がれば上がるほど、患者の数は減少し、人口減と相まって医師余りの時代が来ることも予想される。

現在、各大学の医学部定員は、団塊の世代が後期高齢者となる時期に合わせて設定され、二〇年前に比して増員されている。一五年後には、団塊の世代の多くが天寿を全うし、この増員設定は必要なくなり、いずれ一〇年前の水準に戻されていくだろう（一〇％から二〇％程度の定員減少となるはずである）。

一五年後と言えば、現在の医学部一年生が国家試験を経て、研修医となり、医師として独り立ちを果たす時期である。その時、医師の数は過剰とされ、医療費の自己負担率も間違いなく上がっているだろう。

医師の報酬は、額面だけ見れば高水準にあるが、現在のような水準が維持されているかどうかは疑わしい。現に、かつて高額報酬の代名詞であった歯科医師は過剰状態にあり、弁護士ですら、なかなか満足な報酬を得られず競争状態になっている。

しかし、それでも医師である限り、患者を診察し、癒すという充実感は残るだろう。研究であれ、臨床であれ、医学に関わる仕事そのものを愛することが、日々生きていく基盤となっていれば、充実した日々を送れるはずである。

親が医師である、医師しか考えられない、という理由で医学部を志す受験生は非常に多いが、これから医師となる者は、これまで以上に医師であることの意味や意義を考える局面が増えていくだろう。

この時、すでに親は関与できない。職業人として力強く生きていくためには、学び続け、自らの仕事を愛し、強力な倫理感を持つことが大切である。これは医師に限らず、どんな仕事にも当てはまることだが、他の職業に比して、医師はその資格や信用を得るために膨大な努力を要する。それゆえ、報酬や社会的地位など表層的な部分ではなく、世界に冠たる日本の医学教育を受けて医師となった過程に思いを馳せ、充実した日々を過ごしてもらいたいと心から思う。

筆者は医学部への入り口に立つところまでを指導し、見守る立場だが、その凄惨な競争の現実にたじろぐことも多い。そしてこの入り口を潜り抜けても苦闘の道が終わるわけではない。本当に大変な人生だと思うが、自ら選んだ道である以上、溌剌と闊達にその日々を過ごしてもらいたいと、心の底から願うばかりである。

河本敏浩（かわもととしひろ）
名古屋市立向陽高校卒業後、同志社大学法学部政治学科を経て、同志社大学大学院文学研究科新聞学専攻修士課程修了。大学在学中から現代文講師として活躍し、1994年から2012年まで東進ハイスクール講師（2000～'01年、河合塾講師兼任）。現在、医学部予備校The Independent代表、学研「MyGAK」統括リーダー、映像講義「学研医学部ゼミ・スタンダード」教科リーダー、保護者対象講座担当。他に教員、講師、保護者、生徒を対象とする講演を毎年50回以上行っている。主な著書に『名ばかり大学生』（光文社新書）、『誰がバカをつくるのか？』（ブックマン社）。医学部進学志望の受験生を持つ保護者対象のウェブマガジンを配信（医学部予備校The Independentのホームページを参照）。

医学部《いがくぶ》バブル　最高倍率《さいこうばいりつ》30倍《ばい》の裏側《うらがわ》

2017年11月20日初版1刷発行

著　者 ── 河本敏浩
発行者 ── 田邉浩司
装　幀 ── アラン・チャン
印刷所 ── 萩原印刷
製本所 ── ナショナル製本
発行所 ── 株式会社光文社
東京都文京区音羽1-16-6（〒112-8011）
http://www.kobunsha.com/
電　話 ── 編集部03(5395)8289　書籍販売部03(5395)8116
業務部03(5395)8125
メール ── sinsyo@kobunsha.com

 ISBN 978-4-334-04321-6

光文社新書

893
うつ・パニックは「鉄」不足が原因だった
藤川徳美

あなたの不調は、鉄・タンパク不足の症状かもしれない。うつやパニック障害の患者を栄養改善で次々に完治させている精神科医が、日本人の深刻な鉄不足と鉄摂取の大切さを説く。

978-4-334-03998-1

894
灯台はそそる
不動まゆう

今日も一人で海に立つ小さな守り人。その姿を知ると愛さずにいられない。省エネにより崖っぷちに立たされる今、灯火を守るファンを増やすため〃灯台女子〃が魅力を熱プレゼン！

978-4-334-03999-8

895
アウトローのワイン論
勝山晋作
writing 土田美登世

「おいしいからいい。おいしくしたいなら自然に造るのがいい」――昭和の時代から活躍するワインの伝道師が初めて語る、固定観念に縛られないワインの楽しみ方と、その行き着く先。

978-4-334-04301-8

896
教養は児童書で学べ
出口治明

社会のルール、ファクトの重要性、大人の本音と建前、ビジネスに必要な教養――大切なことはすべて児童書が教えてくれた。珠玉の10冊を読み解く、出口流・読書論の集大成！

978-4-334-04302-5

897
美しきイタリア 22の物語
池上英洋

イタリアは、どのようにして「イタリアらしさ」を形成していったのか。ファッション、料理、スポーツ、文化、芸術……。尽きることのない魅力を、22の都市の歴史エピソードから探る。

978-4-334-04303-2

903
ねじ曲げられた「イタリア料理」
ファブリツィオ・グラッセッリ

ピッツァはアメリカ生まれで、トマトソースはイタリアの伝統料理ではなく、オリーブオイルは偽装だらけ!?　「イタリアン」の常識を覆す、在日イタリア人による痛快料理エッセー。

978-4-334-04309-4

904
誰が「働き方改革」を邪魔するのか
中村東吾

私たちは、「働けど見返りの少ない現代の働き方」に疲弊してしまっているのではないだろうか?　いったい、何が問題なのか?　〈頑張りたくても頑張れない時代〉を生きるヒント。

978-4-334-04310-0

905
ミレニアル起業家の 新モノづくり論
仲暁子

製造業とともに衰退する日本が蘇るためのヒントは、モノを持たない'80〜'90年代生まれの行動にある。国内最大のビジネスSNSを運営する女性社長が、新しい労働と幸福の形を示す。

978-4-334-04311-7

906
「朝ドラ」一人勝ちの法則
指南役

「ぽっと出のヒロイン」「夫殺し」「故郷を捨てる」…etc. これらが朝ドラのヒット作に共通する要素である――ホイチョイ・プロダクションのブレーンによるドラマ・マーケティング論。

978-4-334-04312-4

907
名画で読み解く イギリス王家 12の物語
中野京子

王家が変わるたび、途轍もない人物と想像もつかないドラマが生まれる英国。テューダー家、ステュアート家、ハノーヴァー家を名画とともに振り返る、大人気シリーズ第四弾!

978-4-334-04313-1

光文社新書

913

ブラック職場
過ちはなぜ繰り返されるのか？

笹山尚人

電通の社員だった高橋まつりさんの過労死事件は、私たちの社会に大きな課題を突きつけた。なぜ、ブラックな職場はなくならないのか？　豊富な事例を交え、弁護士が解決策を示す。

978-4-334-04319-3

914

2025年の銀行員
地域金融機関再編の向こう側

津田倫男

地銀・第二地銀、信金・信組の再編が進まない理由は、勲章にあった!?――最新情報に基づく地域金融機関の再編予測と、その中でも生き残る銀行員・地金《ちきん》パーソン像を解説。

978-4-334-04320-9

915

医学部バブル
最高倍率30倍の裏側

河本敏浩

「東大文系より私立医学部」の時代――医学部進学予備校を主宰する著者が、その最前線の闘いを活写。また、豊富な指導経験をベースにした効果的な勉強法を提示する。

978-4-334-04321-6

916

女子高生　制服路上観察

佐野勝彦

膝上スカート、ずり下げリボン、なんちゃって制服…「だらしない」では現象の本質は見えない。街で20年、観察とインタビューをしてきた著者が明かす10代のユニフォームの全て。

978-4-334-04322-3

917

「家事のしすぎ」が日本を滅ぼす

佐光紀子

「手づくりの食卓」「片付いた部屋」……「きちんと家事」への憧れと呪縛が日本人を苦しめる――。多くの聞き取りや国際比較を参照しながら気楽な家事とのつきあい方を提案する。

978-4-334-04323-0